Internet Library
AOZORA BUNKO

インターネット図書館

青空文庫

野口英司…編著

はる書房

まえがき

青空文庫は、インターネット上にある図書館です。

図書館＝ライブラリー（Library）という名称は、図書の収集・保管・貸し出しを目的とする施設に当てはめられた名称であるため、現状の青空文庫を「図書館」のくくりのなかに収めるのには無理があるかもしれません。どちらかというと、作家の作品という〝記録〟を残していく意味で、公文書保管所＝アーカイブス（Archives）のほうが近いように思います。

しかし、今までにないものをまったくの一から始めるにあたって、そのことを人びとにアピールするためには、既存のもののなかで一番馴染みのあるものに喩えるのがベストです。だから、「インターネット図書館」です。

青空文庫は、著作権の保護期間の過ぎた作家の作品、つまり亡くなってから五〇年が過ぎた作家の作品を四八四三作品（二〇〇五年九月一九日時点）収蔵しています。そのリストには、森鷗外、夏目漱石、芥川龍之介などの有名な作家から、水野仙子、素木しづなどの無名な作家にいたるまで、実にさまざまな人の名前が並びます。いわゆる作家・小説家だけでなく、思想家や民俗学者の名前も見られます。

四八四三という数だけ見れば、おっ！　なかなかの蔵書数じゃないか！　と思われるかもしれませんが、この数は紙の本の単位である「冊」を意味しているのではなく、長編小説、短編小説、エッセイ、手紙など、どんなものでも一つの作品としてカウントした数なのです。

長塚節の『土』や尾崎紅葉の『金色夜叉』のような長い作品もあれば、宮本百合子の『特に感想なし』のように、

特に、此処で述べなければならないような所感も持合わせません。

だけで一作品のものもあります。

だから、もしも青空文庫の収録作品をすべて本にして図書館の棚に収めたとしても、一〇棚いくか、二〇棚いくか、そんなところでしょう。でも、国の予算が付いているわけでもなく、しっかりとした運営組織を持っているわけでもないグループが、ボランティアの人たちの協力を得て八年で到達した数としては、まあまあな数なんじゃないかと思ってます。

この本は、その八年間の経緯を1章に、ボランティアの方がたの紹介を2章に（青空文庫ではそのような入力・校正を手伝ってくれる人たちを「工作員」と呼んでいます。今ではダークなイメージを持つようになってしまった「工作員」という名称ですが、名付けた当初はまだそのような悪いイメージはありませんでした）、著作権の保護期間が七〇年に延びようとしている現状を3章に、という構成になっています。

青空文庫をハタから見れば、好きなことを楽しそうにやっている——もの好きな連中が集まっているように見えるかもしれませんが、やっぱり、今までにないもの、今までの慣

習に反するものをつくりあげていくのは大変な道のりでした。また、インターネットという仮想空間に作業の場を形成していくことも多くの努力を必要としました。

この本がそのような事実を伝え切れているかどうかは分かりませんが、少なくともこのようなプロジェクトがインターネット上に存在していたことの軌跡を後世に残せればよいのではないかと考えています。

野口英司

二〇〇五年一〇月一七日

青空文庫の楽しみ方

好きな作品を読んでみよう

① 青空文庫を検索する

YAHOO! や Google などの検索エンジンで「青空文庫」と検索すれば、すぐに見つけることができます。
または Web ブラウザーのアドレスに、

http://www.aozora.gr.jp/

と半角英数字で入力し、Enter キーを押します。

② 青空文庫トップページへ

青空文庫のトップページが表示されます。
まず「青空文庫早わかり」をクリックして、「青空文庫」の利用方法を確認します。

「青空文庫早わかり」のポイント

●青空文庫は、利用に対価を求めない、インターネットの電子図書館です。
●青空文庫には、著作権の消滅した作品と、著作権者が「タダで読んでもらってかまわない」と判断した作品の２種類が、テキストと XHTML 形式で収められています。
●青空文庫にある作品の入力、校正は「青空文庫工作員」と呼ばれるボランティアによって行なわれています。
●青空文庫にある作品のうち、著作権の消滅した作品は、有償、無償にかかわらず、複製し再配布することができます。

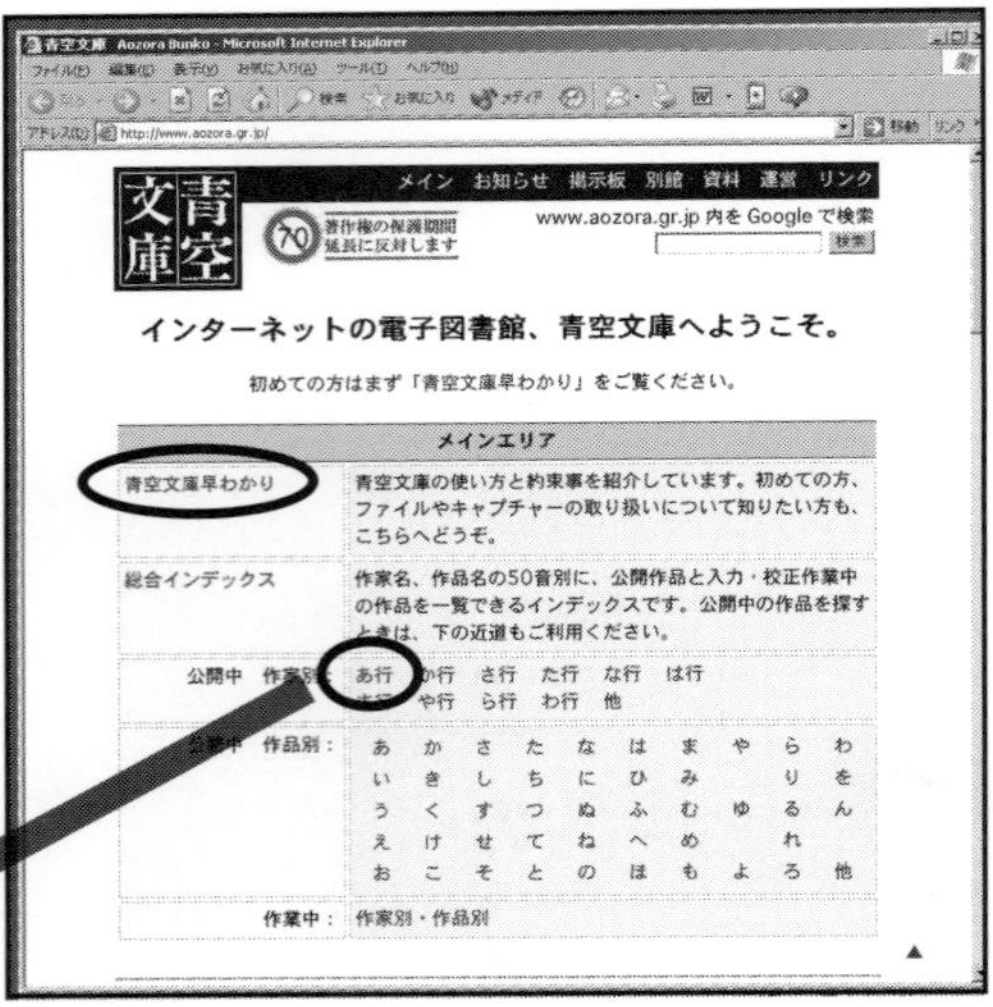

③ 作家リストから選ぶ

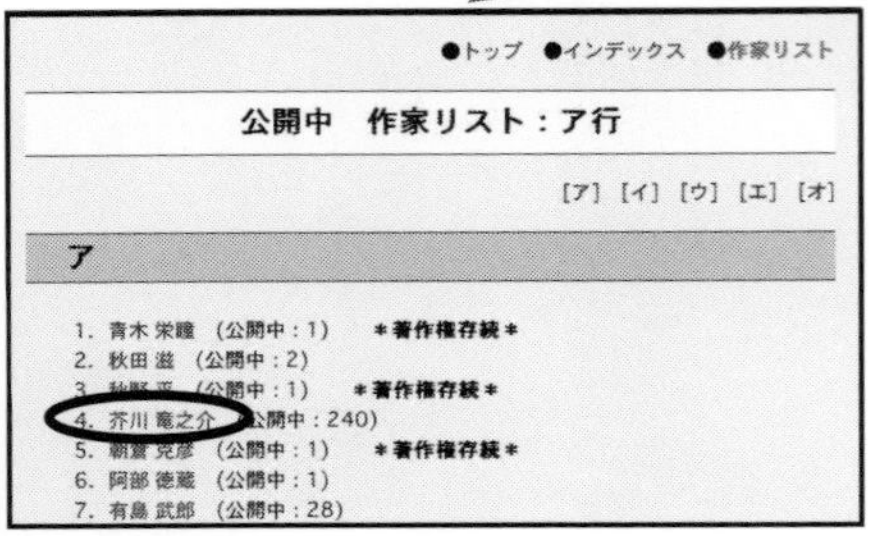

ここでは「公開中　作家別」の中から「あ行」をクリックしてみます。
「公開中　作家リスト:ア行」のリストが表示されるので、そこから目的の作家をクリックします。ここでは「芥川竜之介」を選んでみます。

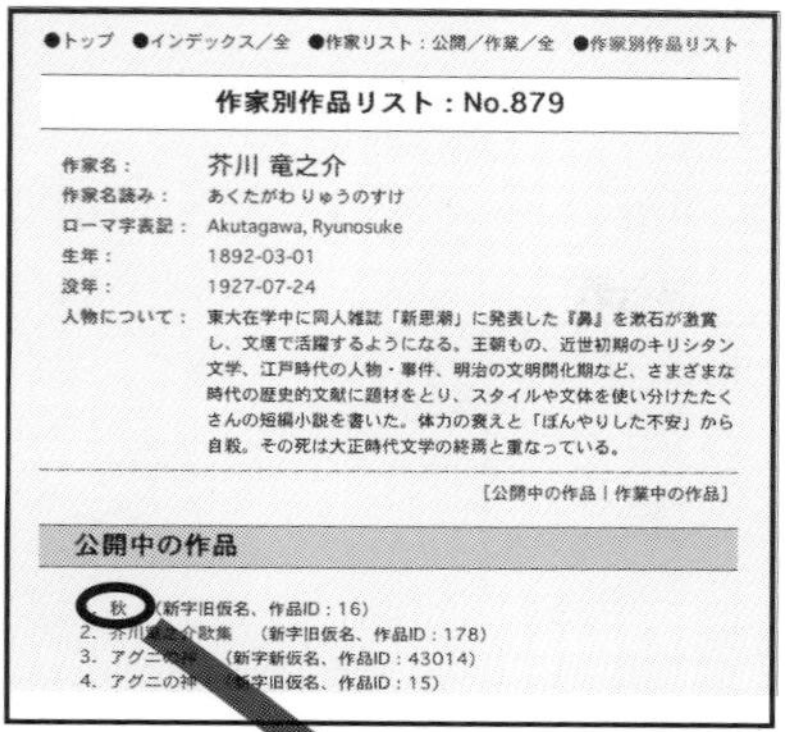

④ 作品を選ぶ

芥川竜之介の「作家別作品リスト」が表示されます。ここにはその作家の情報が記述されています。

「公開中の作品」から目的の作品を選びます。ここでは「秋」を選んでみます。

⑤ 図書カードを開く

作品「秋」の図書カードが表示されます。ここには作品に関する情報が記述されています。すぐにその作品をWebブラウザーに表示させたい場合は、「いますぐXHTML（またはHTML）版を読む」をクリックします。

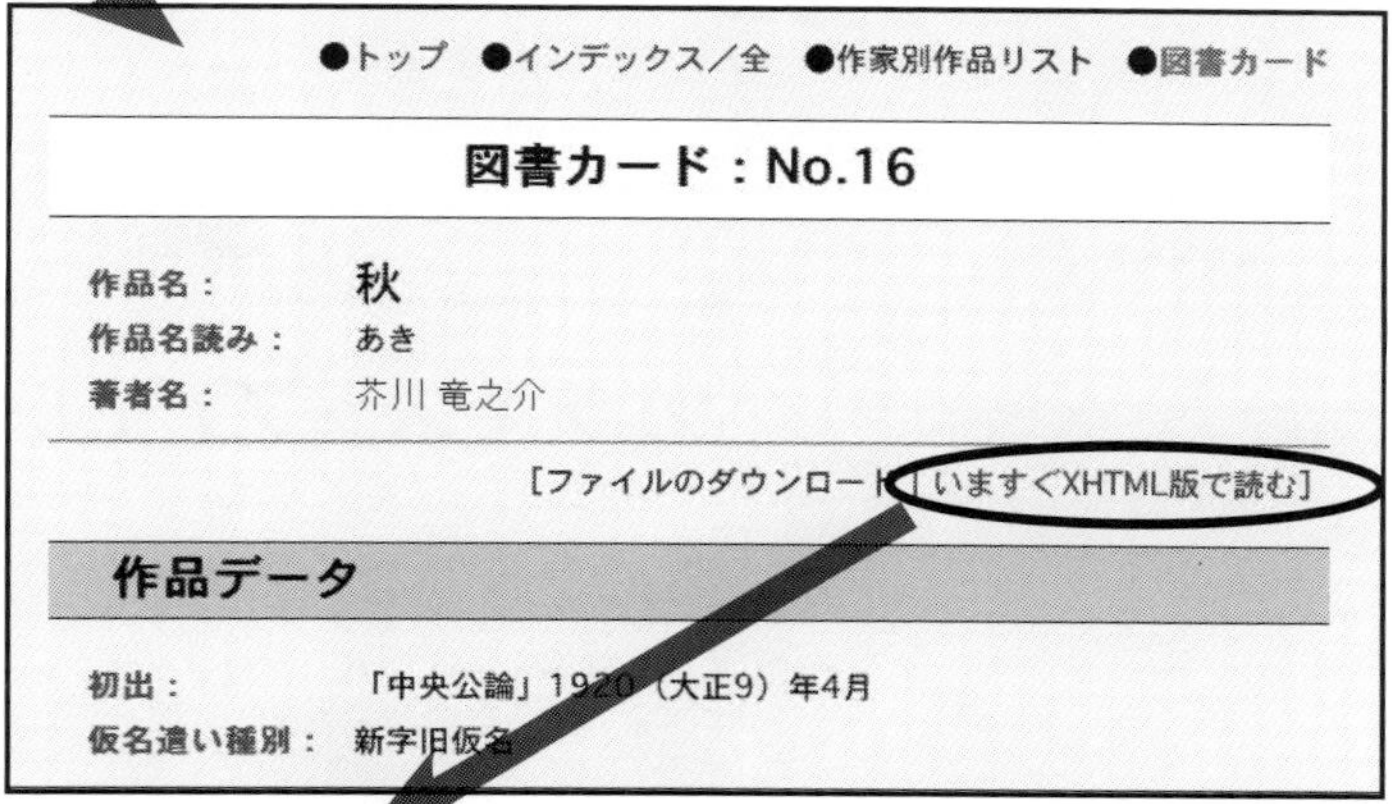

⑥ 目的の作品を読む

Webブラウザーでその作品を読むことができます。

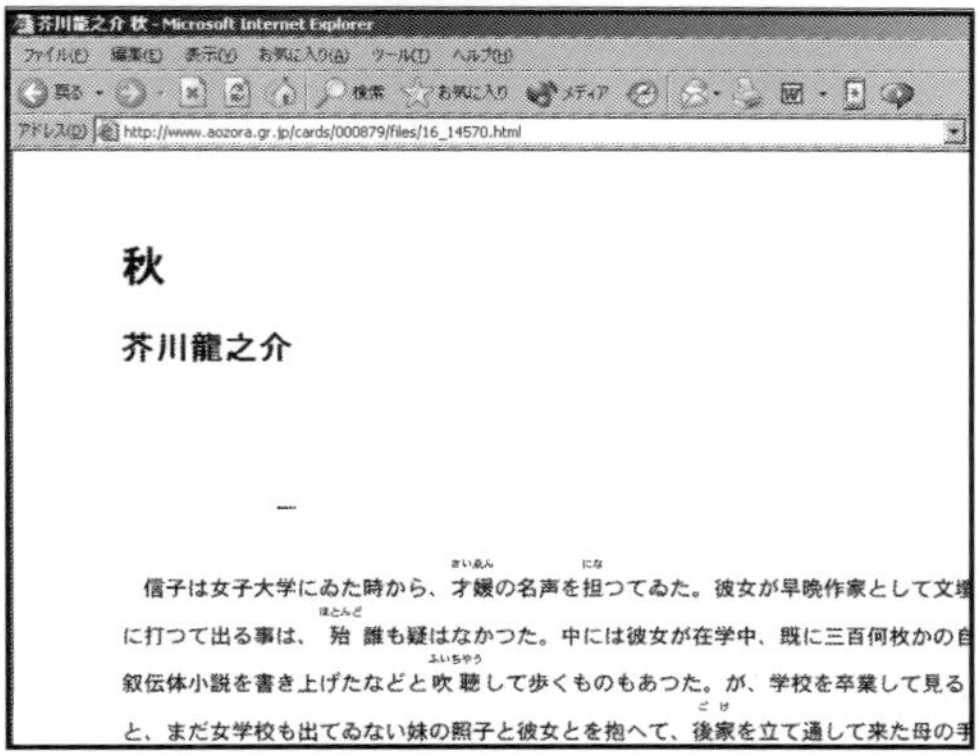

ファイルをダウンロードしてみよう

① ファイルのダウンロード

図書カードから「ファイルのダウンロード」を選びます。その作品に用意されている各フォーマットの一覧へジャンプします。

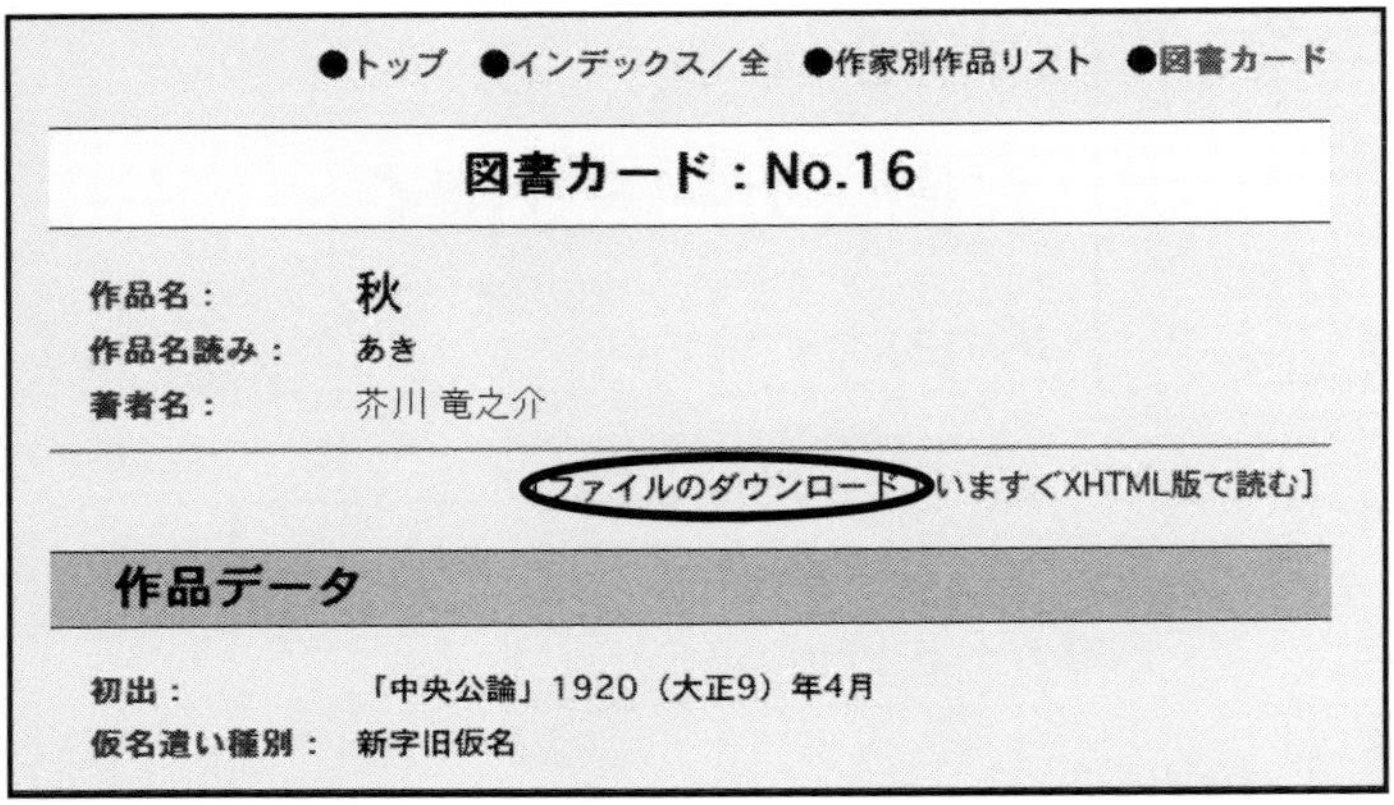

② テキストファイルを選択

テキストファイルをダウンロードしたい場合、ここをクリックします。

ファイルのダウンロード

ファイル種別	圧縮	ファイル名（リンク）	文字集合／符号化方式	サイズ	初登録日	最終更新日
テキストファイル(ルビあり)	zip	16_ruby_344.zip	JIS X 0208／ShiftJIS	12672	1998-05-20	2004-02-08
エキスパンドブックファイル	なし	16.ebk	JIS X 0208／ShiftJIS	89892	1998-05-20	2001-03-27
XHTMLファイル	なし	16_14570.html	JIS X 0208／ShiftJIS	32642	2004-02-08	2004-02-08

●ファイルのダウンロード方法・解凍方法

エキスパンドブックファイルとは？

㈱ボイジャーが開発した電子出版フォーマットです。現在、この電子本化の作業は行なわれていませんが、過去に作成したエキスパンドブックファイルをダウンロードできます。エキスパンドブック・ブラウザーをインストールすることにより、そのファイルを表示することもできます。
※エキスパンドブック・ブラウザーのインストールは付属 DVD-ROM を参照してください。

③ テキストファイルを保存

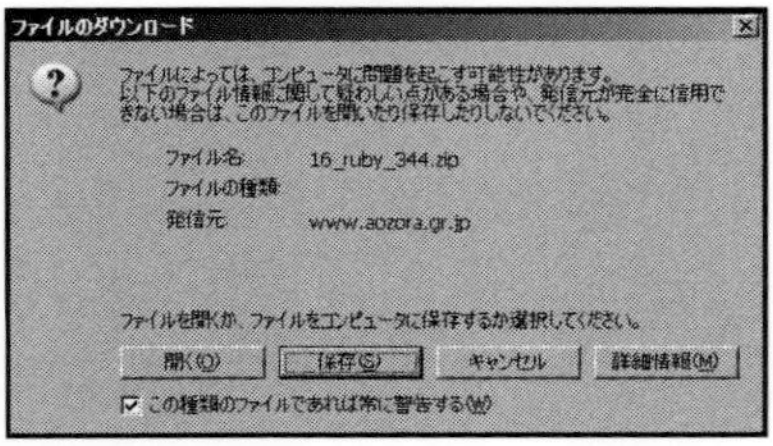

このようなウィンドウが表示されるので、「保存ボタン」を押して「デスクトップ」や「マイドキュメント」などにファイルを保存します。
テキストファイルは ZIP 圧縮されています。解凍ソフトがすでにインストールされている場合は、「開く」を選んでファイルを解凍してください。

④ 解凍ソフトをインストールする

もし解凍ソフトがインストールされていなければ、左のようなアイコンのファイルになります。その場合には、解凍ソフトのインストールが必要です。
(※アイコンが変わっていれば、解凍ソフトがインストール済みです。)
解凍ソフトは各種ありますが、ここでは「+Lhasa」というソフトをインストールしてファイルを解凍します。

「http://park8.wakwak.com/˜app/Lhaca/」のサイトから、「+Lhasa」をダウンロードし、指示にしたがってインストールします。

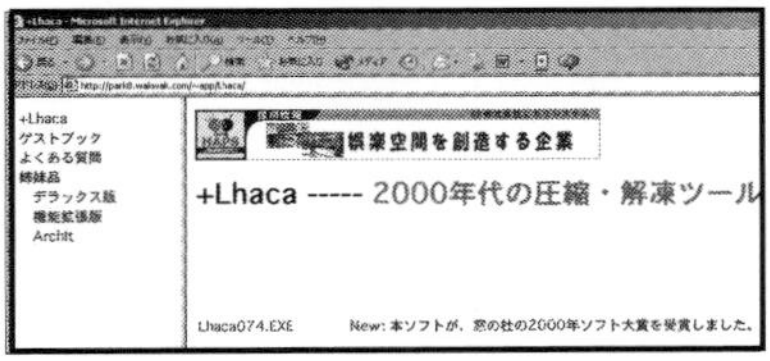

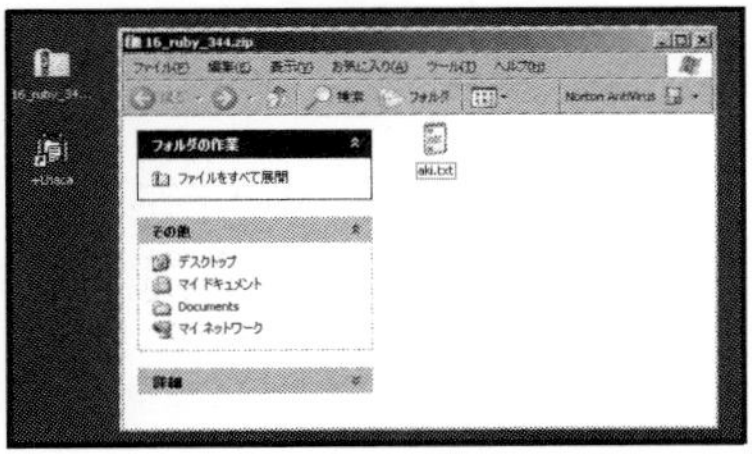

インストールが成功すれば、ファイルのアイコンが変わります。それをダブルクリックすると、このようにウィンドウが開いてテキストファイルが現れます。このファイル(ここでは「aki.txt」)を「マイドキュメント」などにコピーします。

⑤ テキストを Word で開いてみる

解凍したファイルをワープロソフト「Microsoft Word」などで開きます。詳しくは次ページの「プリントアウトして読んでみよう」で説明します。

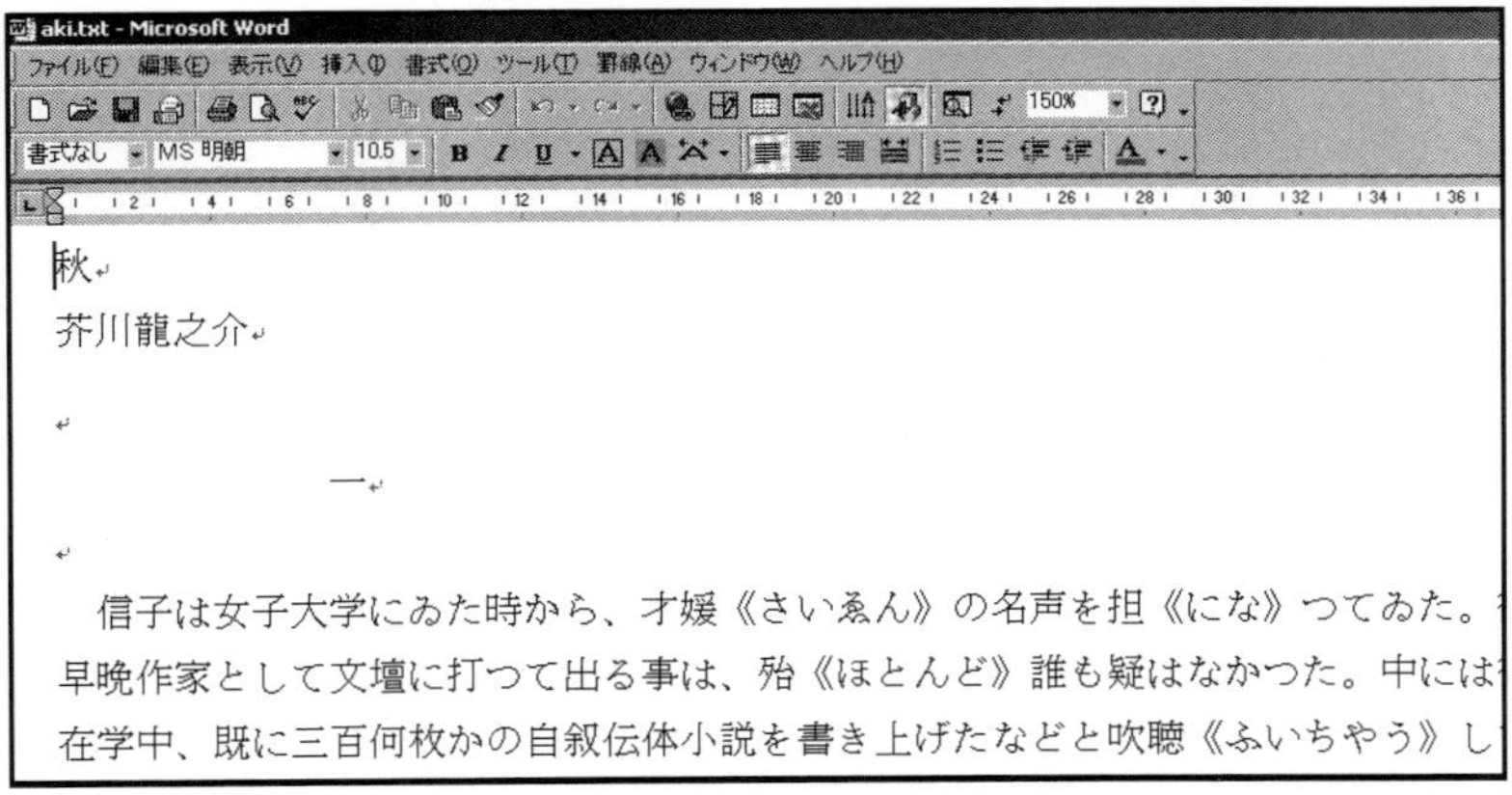

プリントアウトして読んでみよう

ダウンロードしたテキストファイルを、Word を使ってプリントアウトしてみましょう。

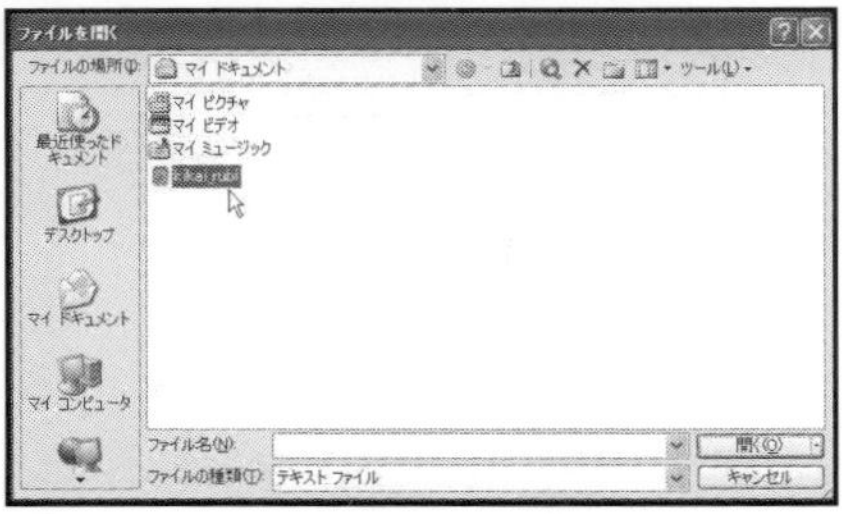

① Word を起動後、メニューの「ファイル」から「ファイルを開く」を選び、「ファイルの種類」を「テキストファイル」にします。
マイドキュメントなどに保存されたテキストファイルが選択できるようになるので、それを選びます。

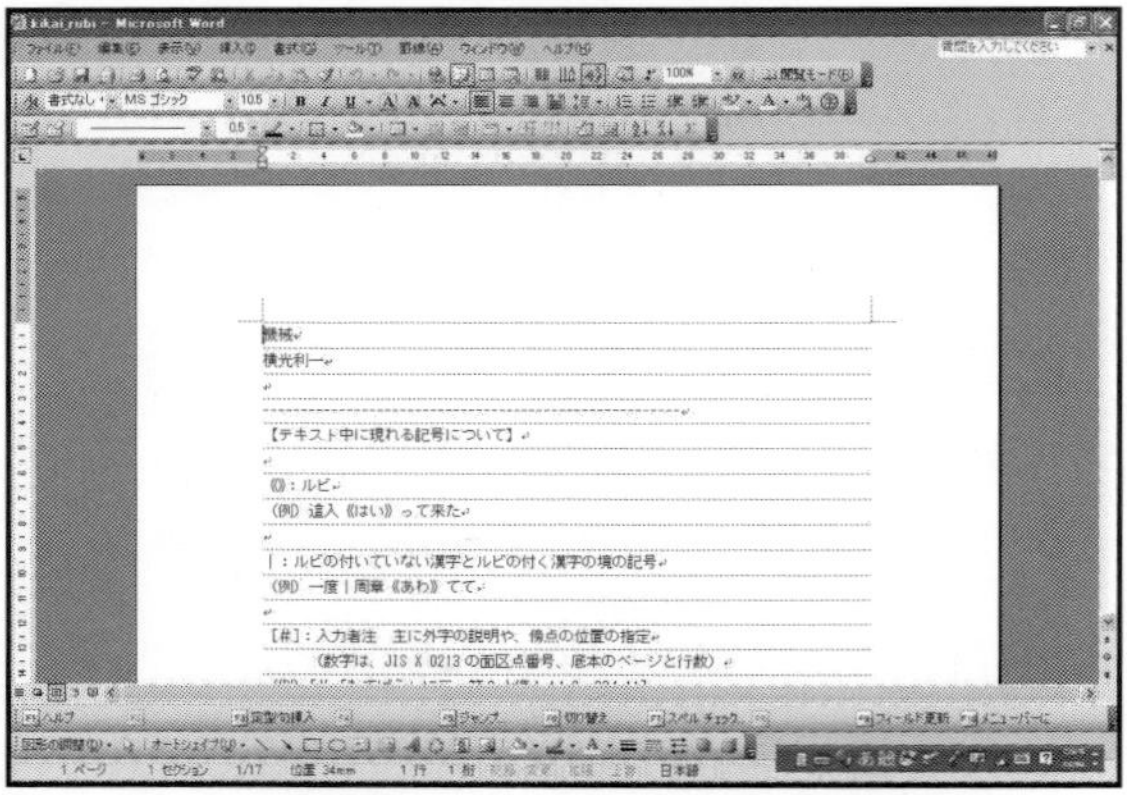

②青空文庫のテキストファイルが Word で表示されます。

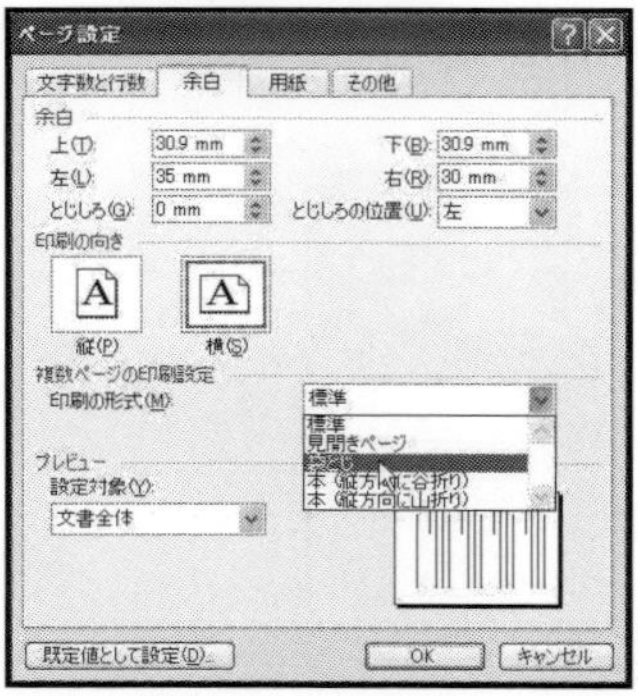

④同じ「ページ設定」の「余白」のところで、「印刷の向き」を「横」、「複数ページの印刷設定」を「袋とじ」にして印刷すれば、A4 用紙を選択した場合、真ん中で折って、A5 の冊子をつくることができます。

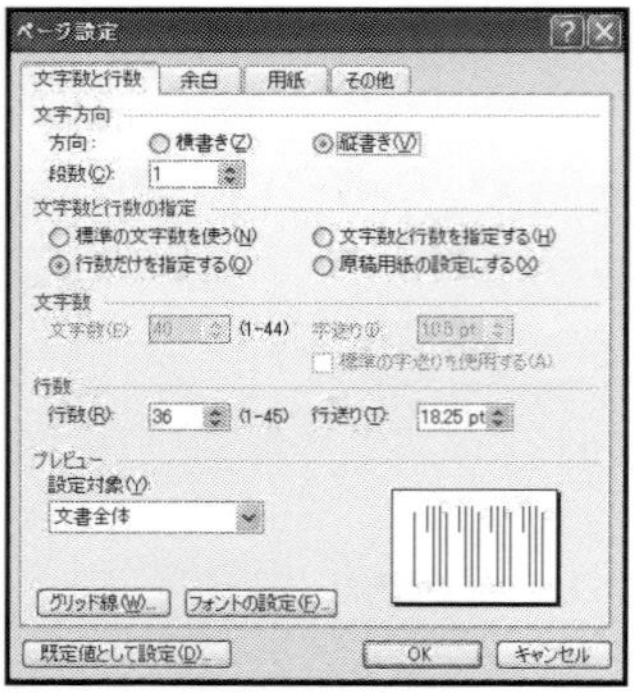

③メニューの「ファイル」から「ページ設定」を選び、「文字数と行数」にある「文字方向」を「縦書き」にすれば、作品を縦書き表示することができます。

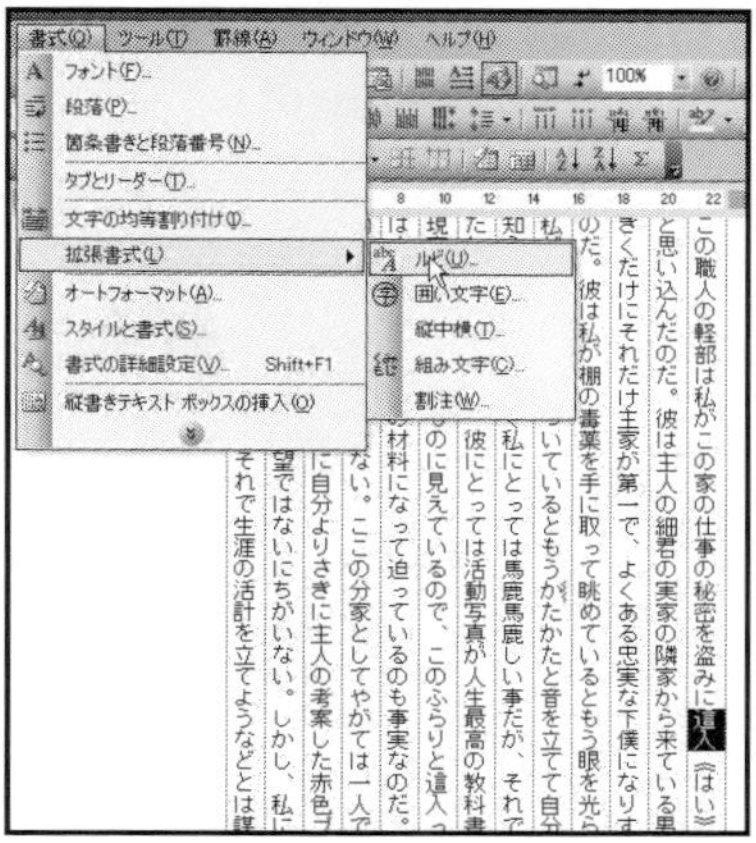

⑤ルビ（振り仮名）を付けたい文字を選択した後、メニューの「書式」から「拡張書式」→「ルビ」を選べば、文字にルビを付けることができます。

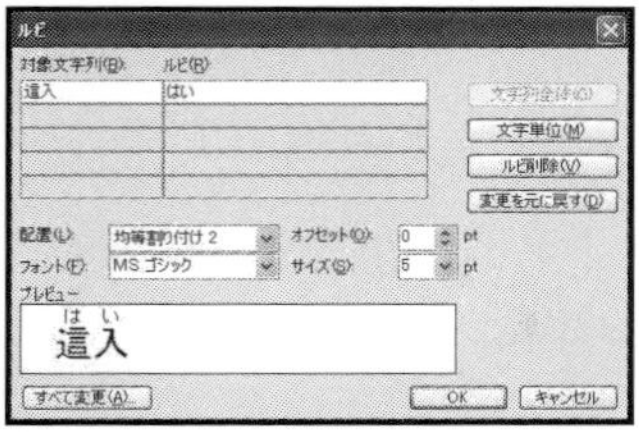

⑥「ルビ」を編集する画面が現れ、それぞれの漢字に対してのルビを設定します。ルビを付ける場合は、先程の「ページ設定」の「文字数と行数」のところの「行数」を少なくして、行間を広く持たせます。

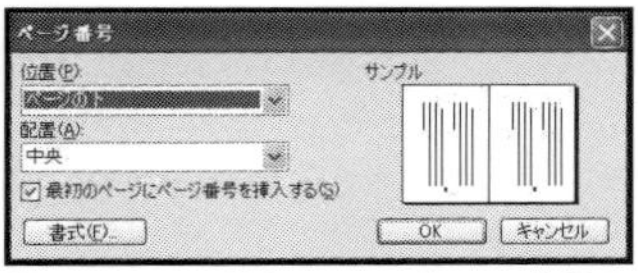

⑦メニューの「挿入」から「ページ番号」を選び、ノンブル（ページ番号）を表示させる場所を選びます。

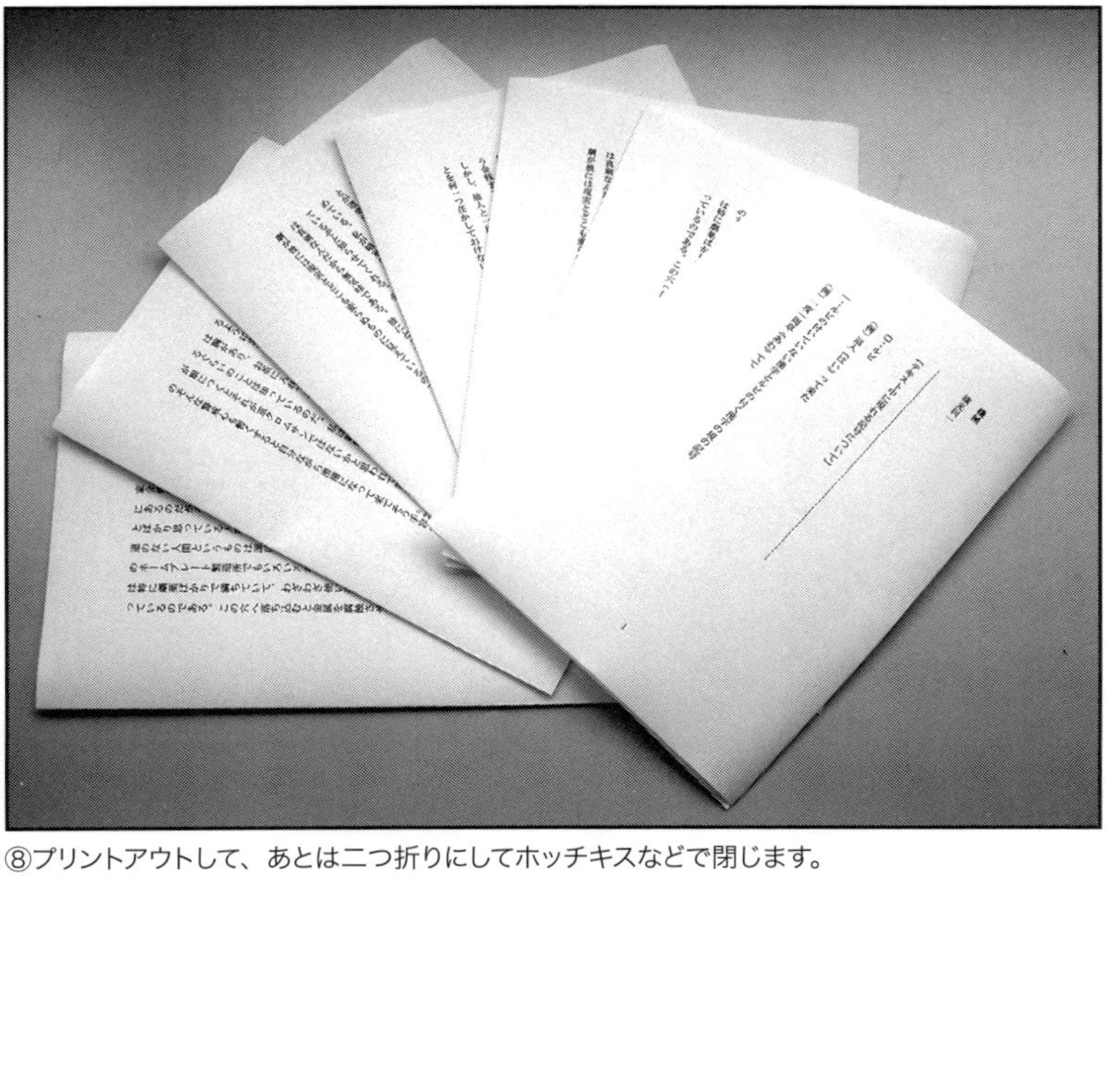

⑧プリントアウトして、あとは二つ折りにしてホッチキスなどで閉じます。

azurで読んでみよう

azur（アジュール）は、㈱ボイジャーと青空文庫が共同開発した、青空文庫を読むための縦書きブラウザーです。各作品の XHTML ファイルを azur で表示すれば、ルビ、傍点、訓点などが綺麗に表示されます。

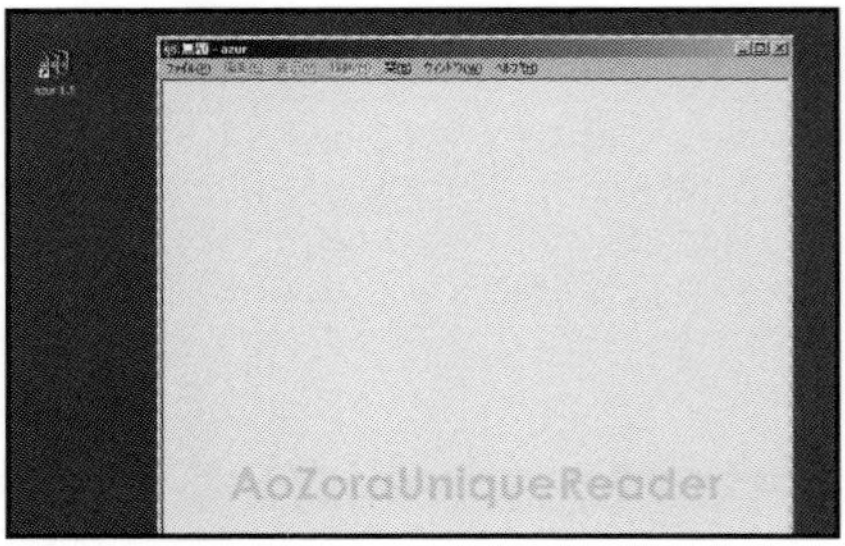

①インストールした azur を起動します。
※付属 DVD-ROM には azur のお試し版が付いています。インストール方法はこれを参照してください。

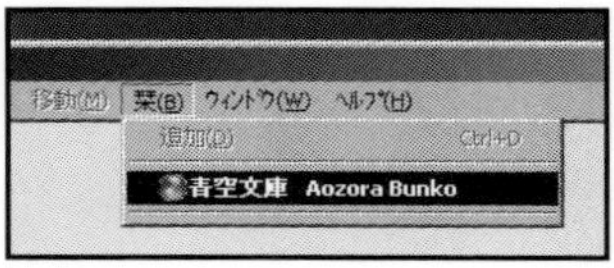

②現れたウィンドウのメニューから「栞」、そして「青空文庫 Aozora Bunko」を選びます。

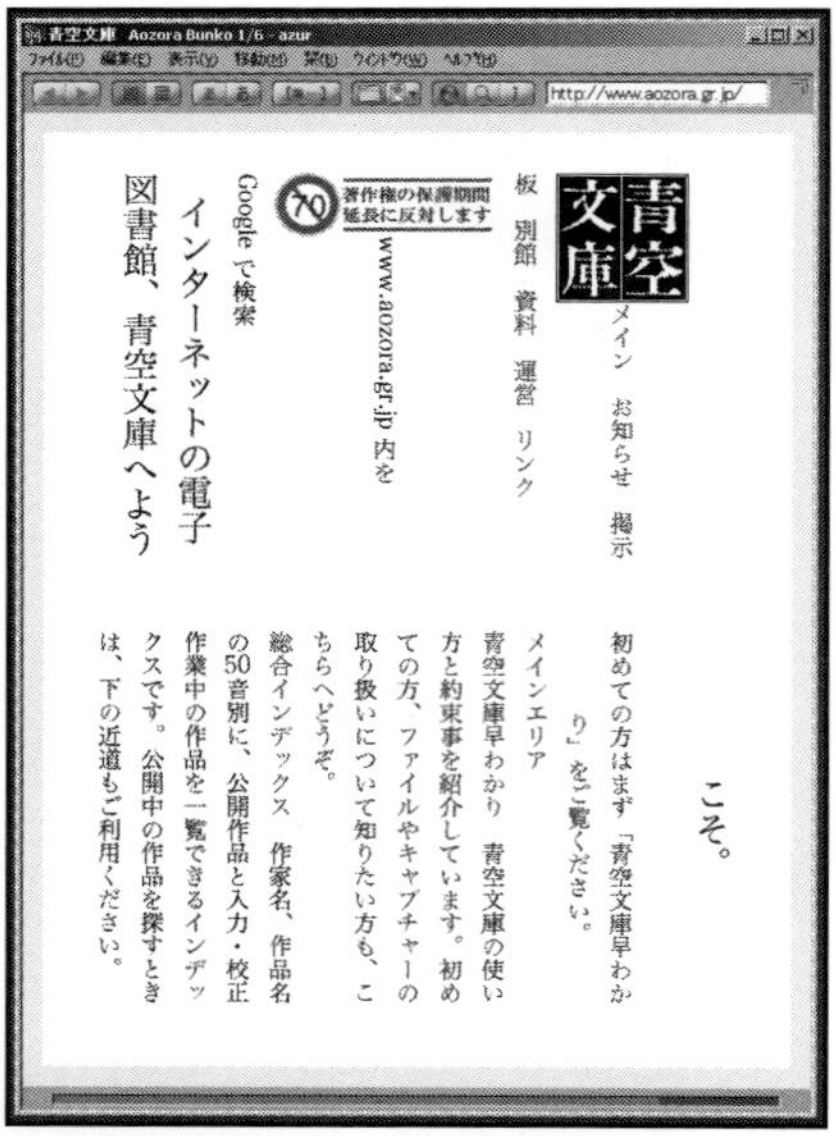

③青空文庫のトップページが縦書きで azur に表示されます。

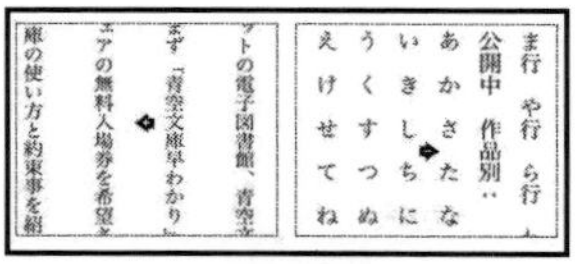

④キーボードの左右・矢印キー、またはマウスのポインターを左右に持っていき、クリックすることによりページを進める(戻る)ことができます。

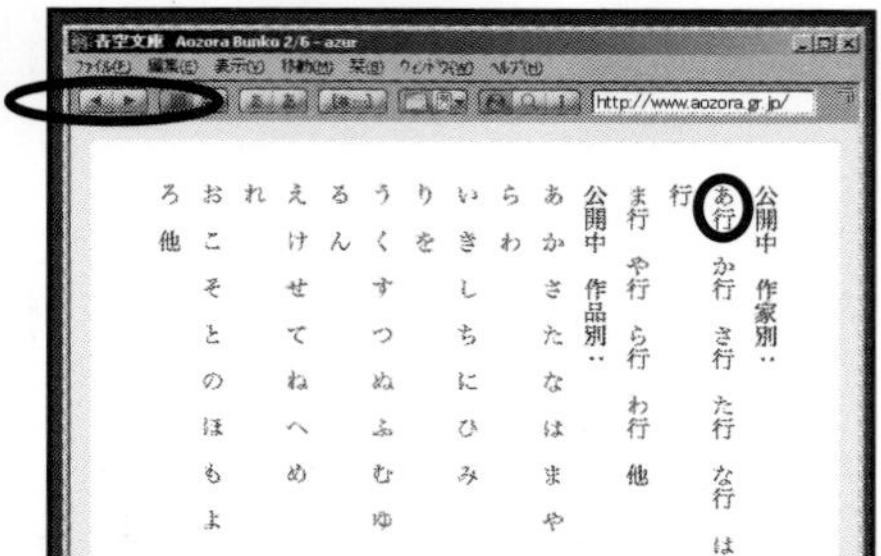

⑤画面で見る青い文字がリンクされている部分です。また、左上の左右・三角ボタンで、履歴を戻る(または進める)ことができます。
ここでは「あ行」を押してみます。

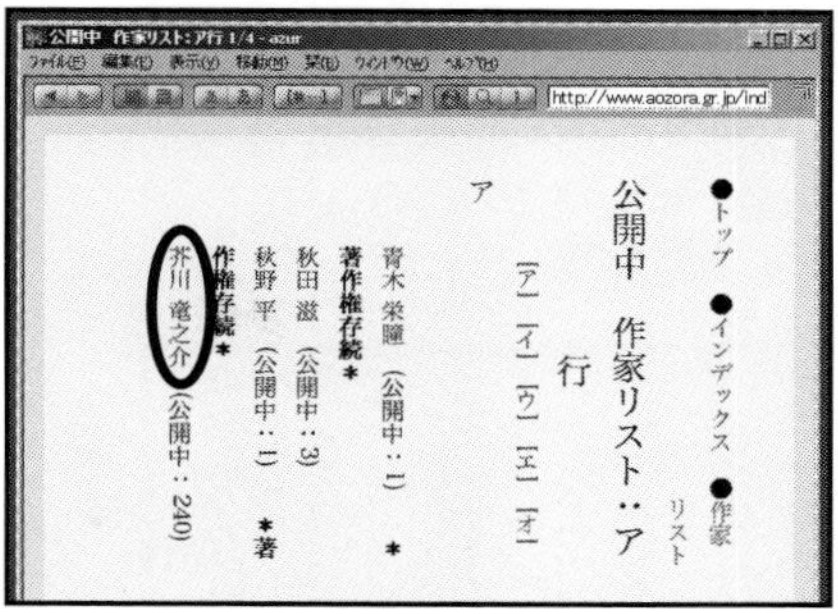

⑥「ア」行の作家一覧が表示されたので、ここでは「芥川竜之介」を選んでみます。

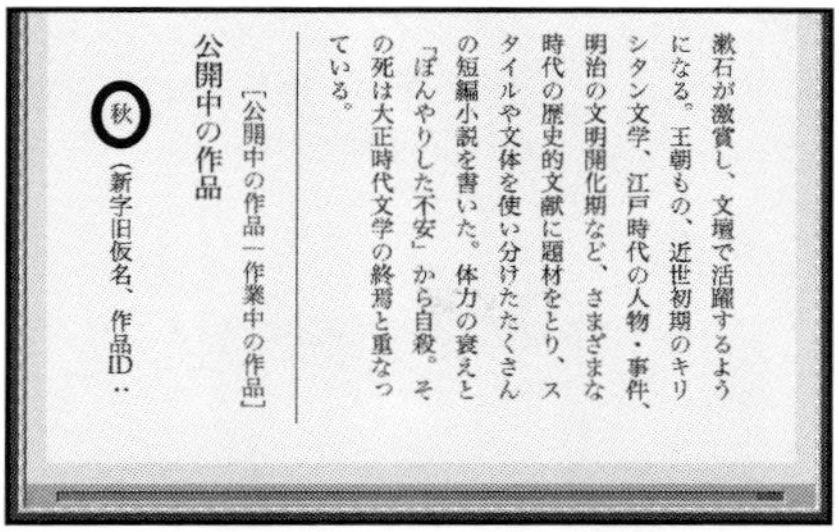

⑦「芥川竜之介」の作家一覧が表示されるので、ページを進めながら目的の作品を選びます。ここでは「秋」を選んでみます。

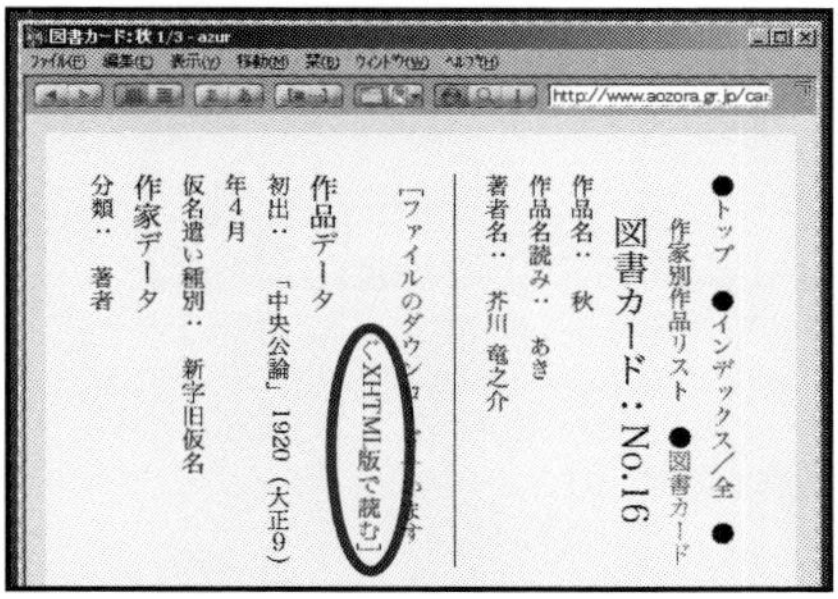

⑧「秋」の図書カードが表示されるので、「いますぐ XHTML 版で読む」をクリックします。

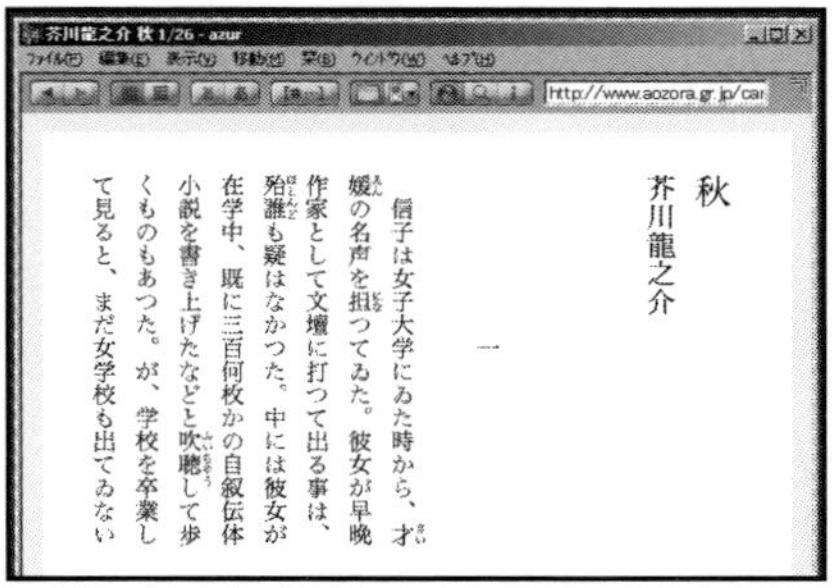

⑨芥川竜之介の「秋」が、縦書きルビつきで表示されます。キーボードの左右・矢印キー、またはマウスのポインターでページをめくって読んでいきます。また、「あ」「ぁ」のボタンを押すことにより、簡単に文字の大きさを変えることができます。

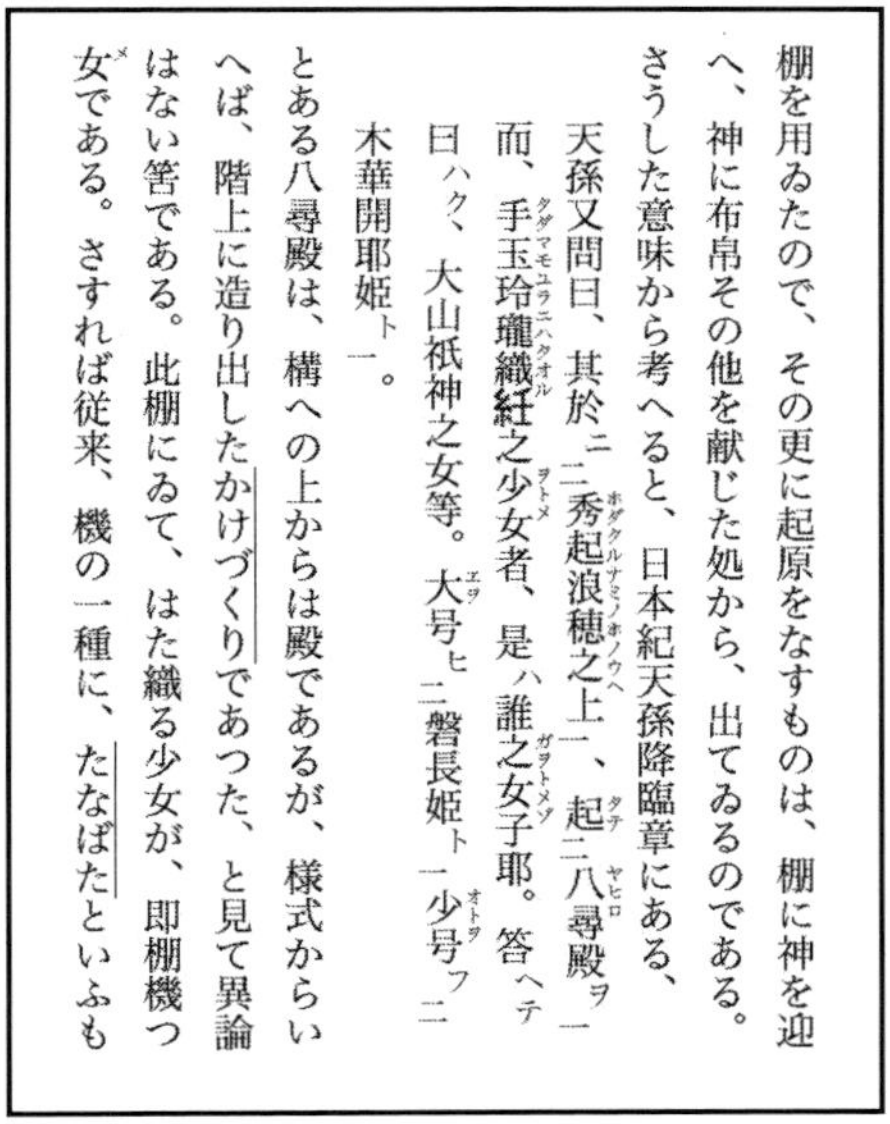

⑩ azur で XHTML ファイルを表示させれば、傍点、傍線なども綺麗に表示できます。

【製品情報】
azur 1.5
定価:2,100 円
http://www.voyager.co.jp/azur/index.html
発売元 : 株式会社ボイジャー

対応 OS
Windows 98 Second Edition 日本語版
Windows 2000 Service Pack 4 日本語版
Windows XP 日本語版
Mac OS X v.10.2.8 〜 10.4 日本語版

テキストビュワーで読んでみよう

青空文庫にあるテキストファイルを読むビュワーは、いろいろな人の手によって数多く開発されています。どのようなソフトがあるかは、鈴木厚司さんのホームページ (http://www.izu.co.jp/~at-sushi/aozora/viewer.html) に詳しく紹介されています。

ここではその中の「smoopy」と「扉～とびら～」を使ってみます。

①「smoopy」を起動するとウィンドウが現れます。そのウィンドウに読みたいテキストファイルをドロップします。

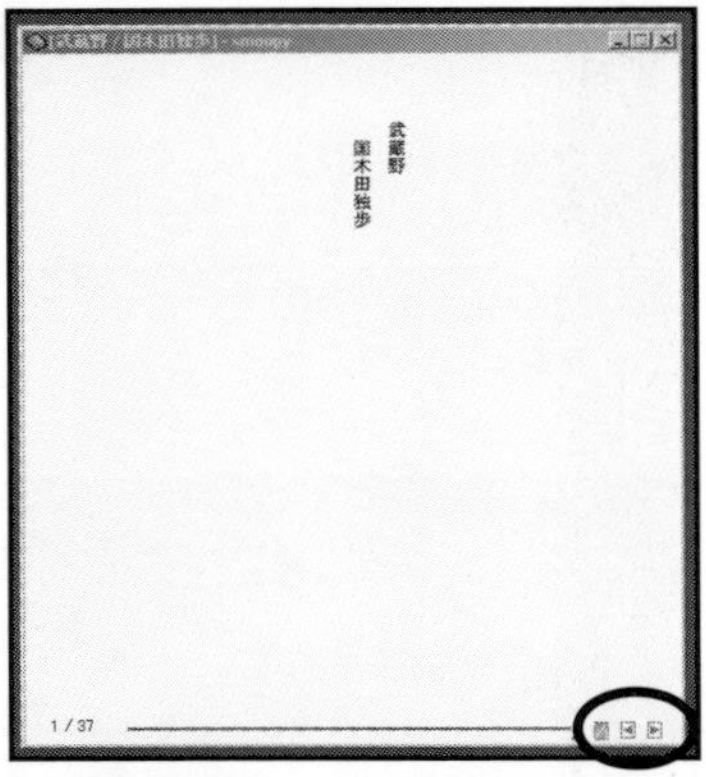

②作品が縦書きで表示されます。画面上をクリックすれば次のページに進むことができます。キーボードの左右の矢印キー、または右下のボタンで前後に進むこともできます。

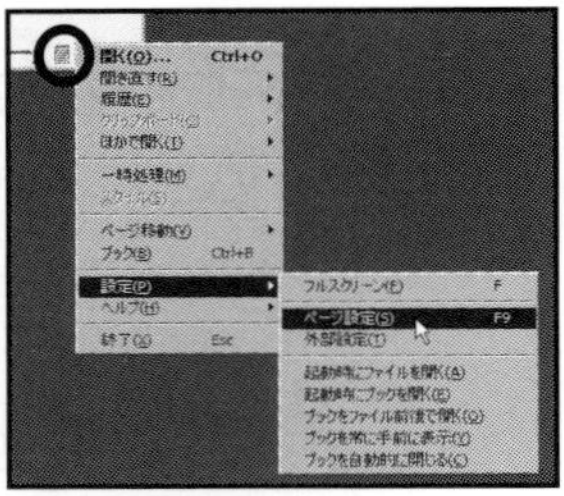

③右下のボタンから、設定→ページ設定で、自分の好みの画面設定をすることができます。

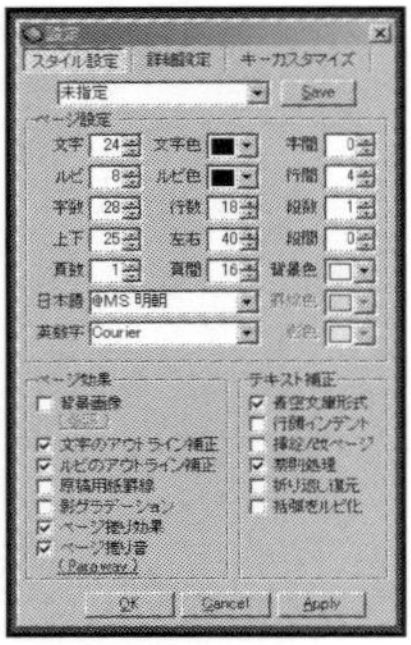

④文字の大きさ、1 行の字数、1 ページの行数、上下左右のマージン（余白）、フォントの種類などを設定していきます。ページ捲りの音なども設定できます。

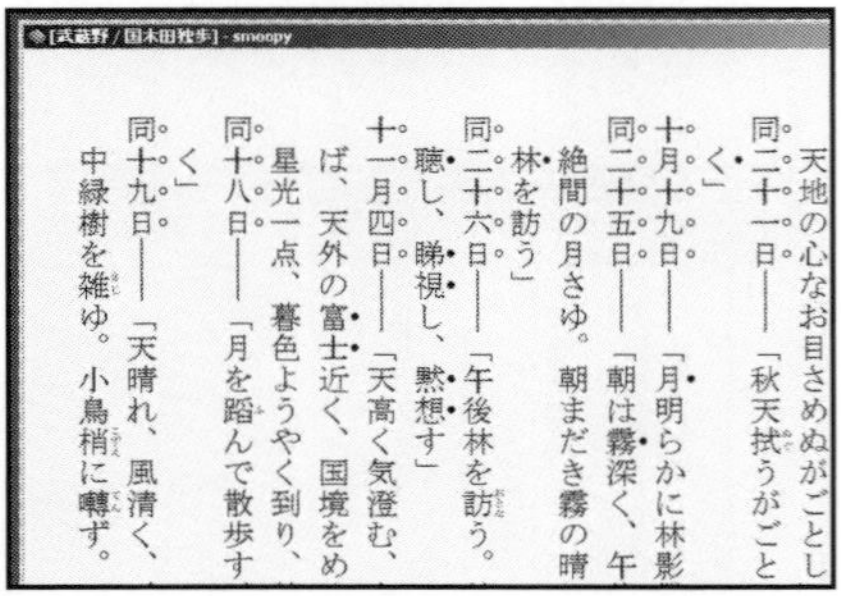

⑤ルビはもちろん、傍線、傍点、字下げの注記も画面上に綺麗に表示されます。また、「ファイルリスト」の機能もあり、複数のテキストファイルをクリックだけで切り替えることができます。

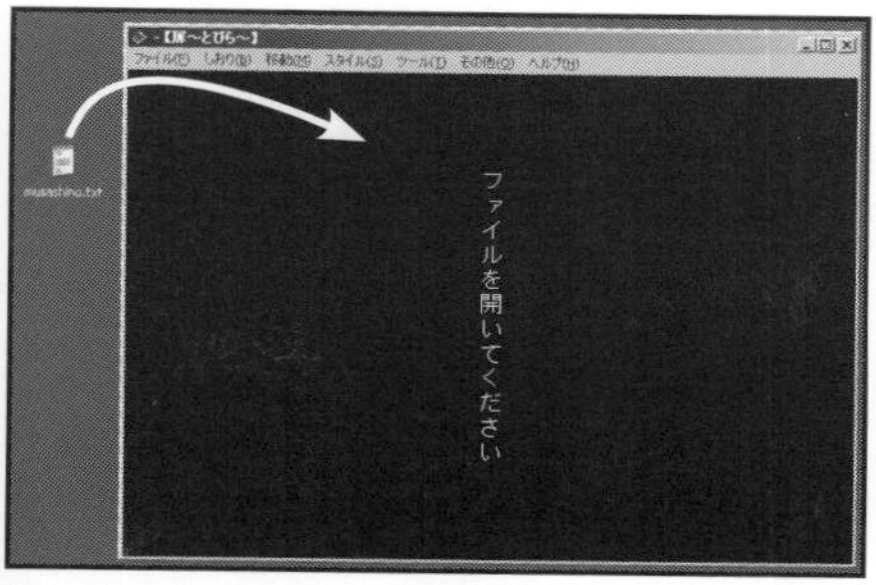

⑥「扉～とびら～」を起動するとウィンドウが開きます。そのウィンドウに読みたいテキストファイルをドロップします。

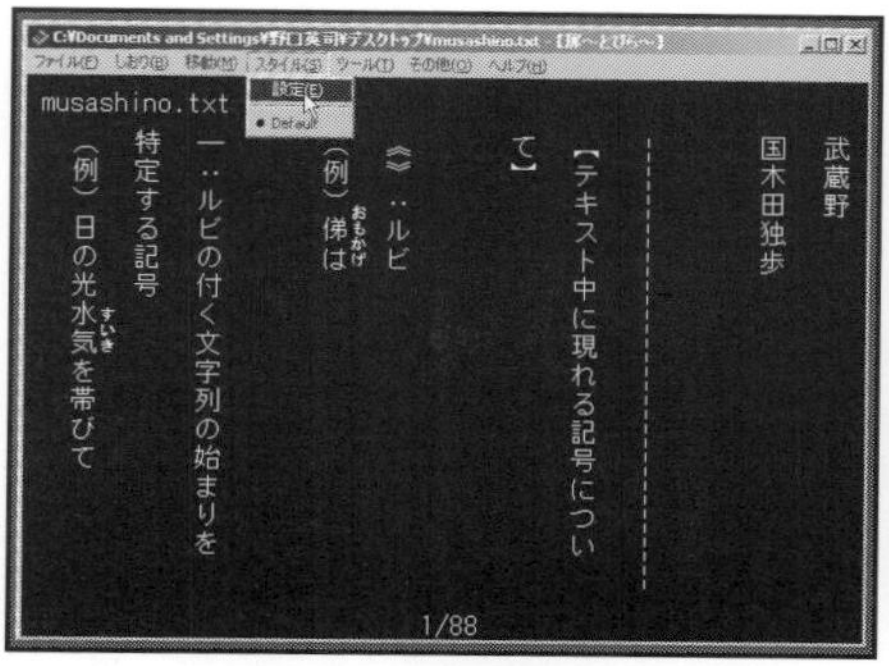

⑦「扉～とびら～」の場合、最初の設定は黒地の背景に白地の文字です。その設定を変えたい場合は、メニューのスタイルから「設定」を選びます。

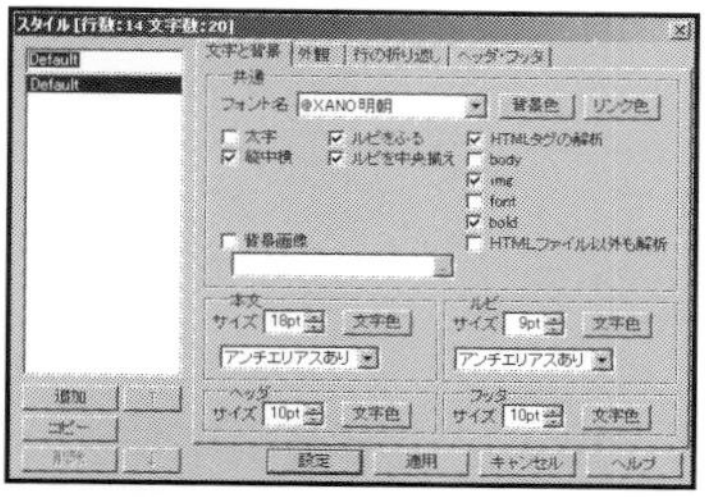

⑧フォントの種類、文字の大きさや色、ルビの大きさや色、背景色、ヘッダ、フッダなどを自分の好みのものに変えていきます。

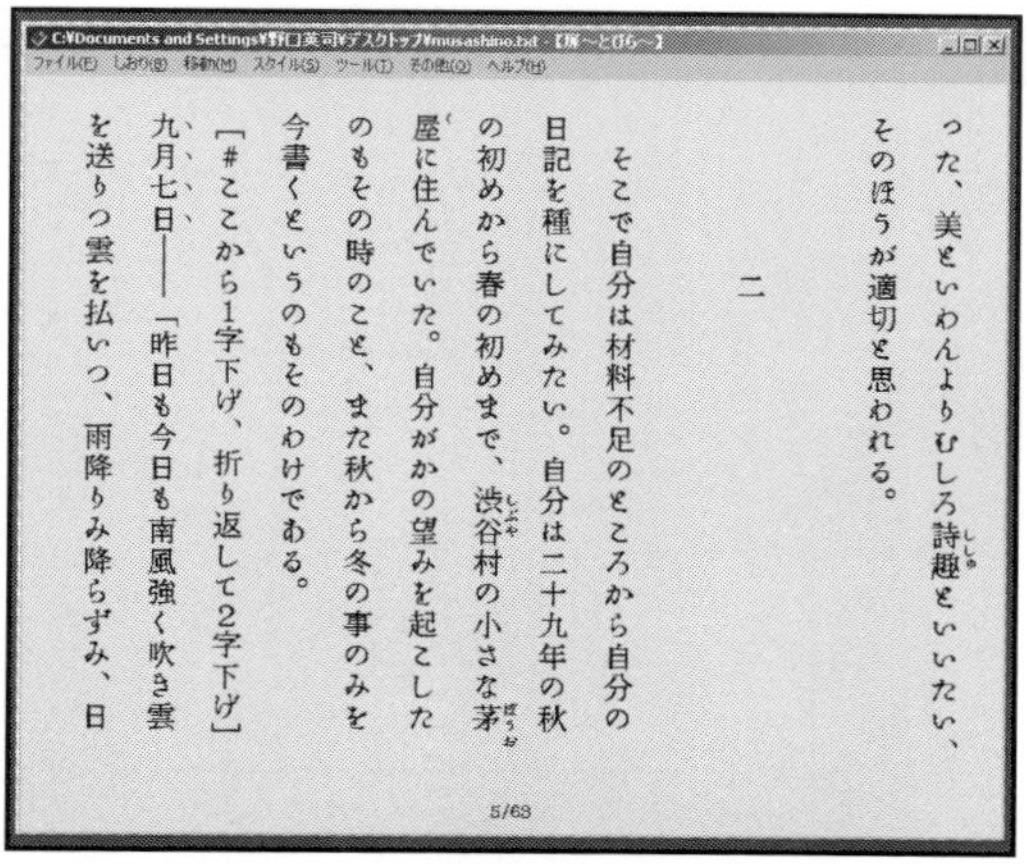

⑨画面上をクリックすれば次のページに進むことができます。キーボードの左右の矢印キーで前後に進むことができます。

【製品情報】

● smoopy

http://www.niji.or.jp/home/itoguchi/ からダウンロード可能。フリーウェア。動作環境 :Windows98、2000、XP。

●扉～とびら～

http://karasu.xrea.bz/ からダウンロード可能。フリーウェア。動作環境 :Windows2000(98/XP での動作報告もあり)。

携帯電話やPDA、携帯ゲーム機で読んでみよう

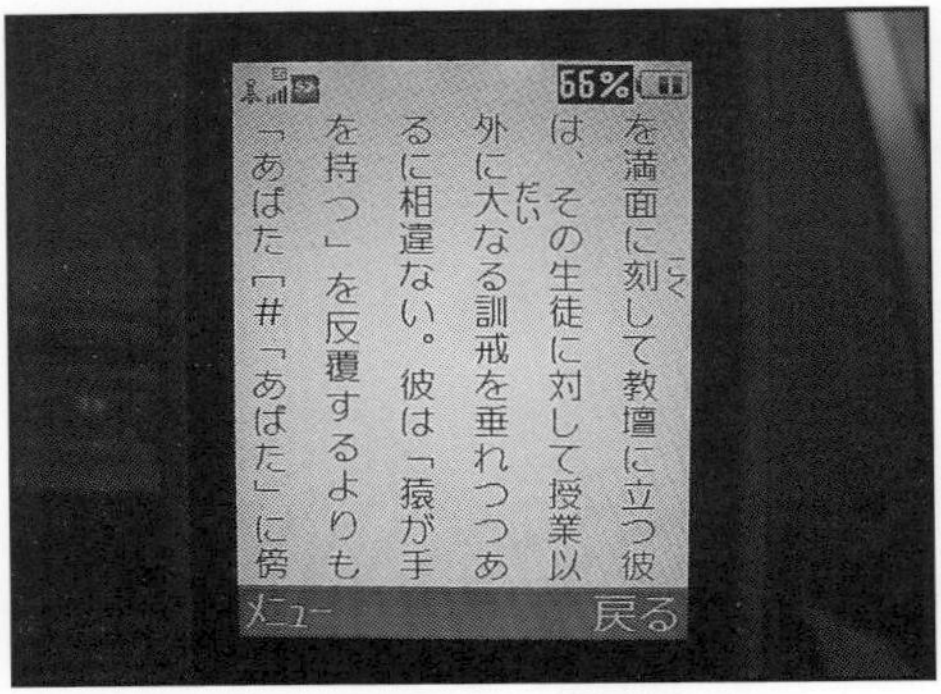

②青空文庫のルビも正しい位置に表示されます。
（写真の機種は Vodafone 902SH）

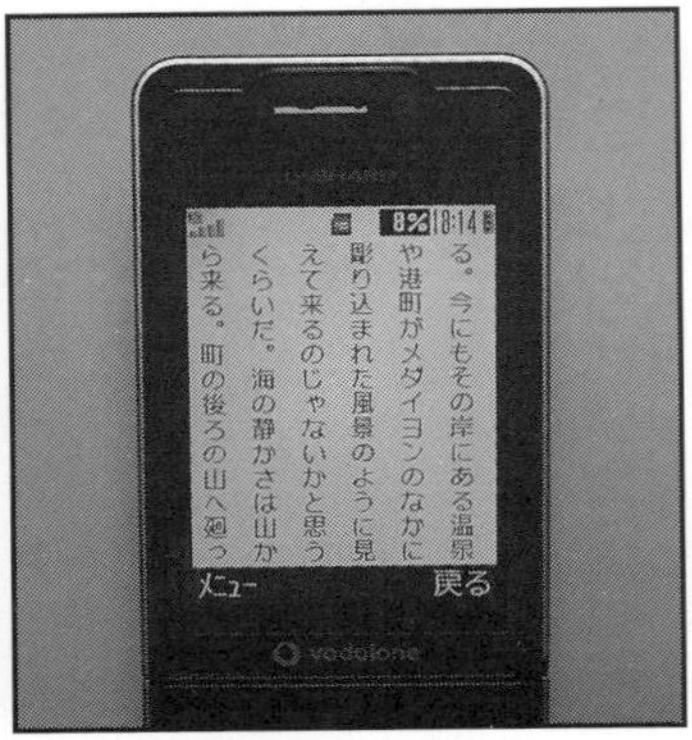

①シャープ系の携帯電話に付いている電子書籍ビューワー機能を使えば、青空文庫のテキストを読むことができます。
（写真の機種は Vodafone 903SH）

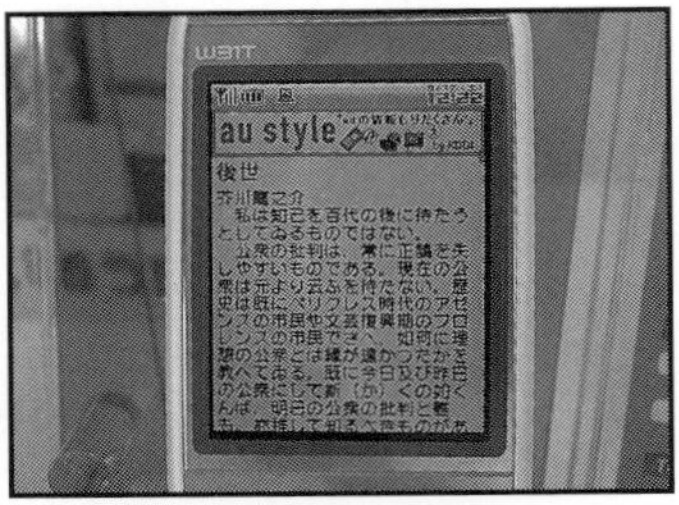

③ au の携帯電話「W31T」の「PC サイトビューアー」を使って、青空文庫にアクセス、XHTML ファイルで読んでいるところ。

⑤ソニーの携帯ゲーム機「PSP」は、ファームウェア・バージョン 2.0より、インターネット閲覧が可能に。青空文庫もこのように読むことができます。

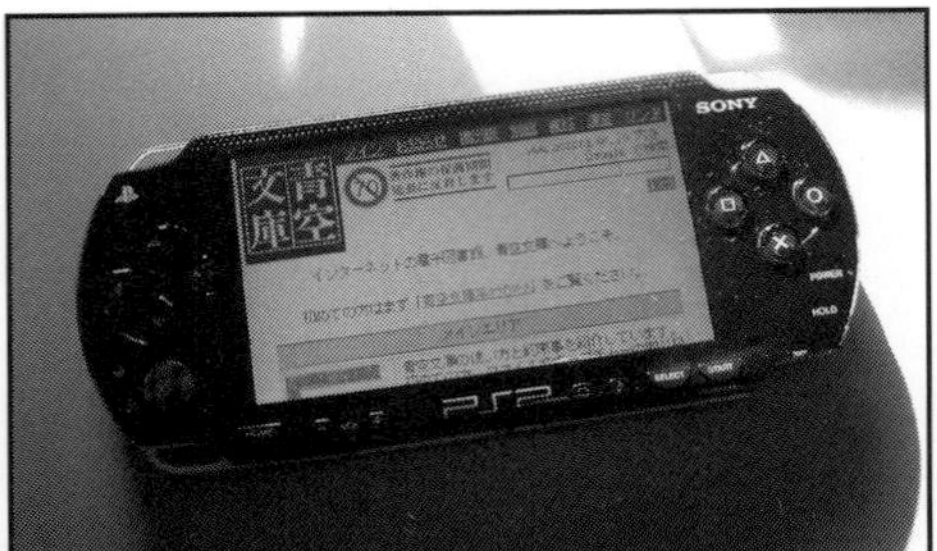

④無線 LAN のアクセスポイントがあれば、どこでも青空文庫にアクセスすることができます。

⑥「azur」を使えば、PSP 用に青空文庫の作品を書き出すことが可能です。

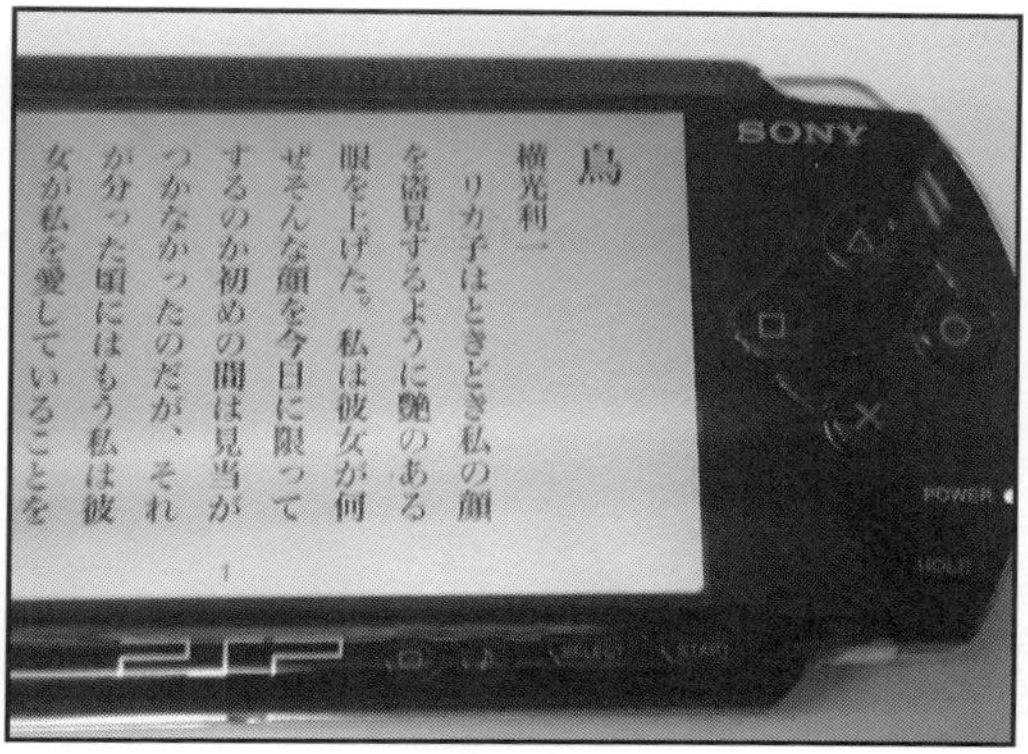

⑦このように、デジタル画像を見るような感覚で、青空文庫の作品を読むことができます。

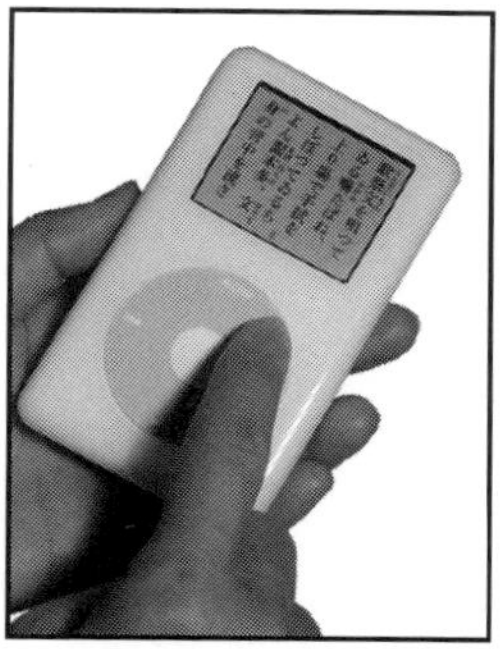

⑧同じように「azur」を使えば、Apple のデジタル・オーディオプレイヤー「iPod」向けに作品を書き出すこともできます。

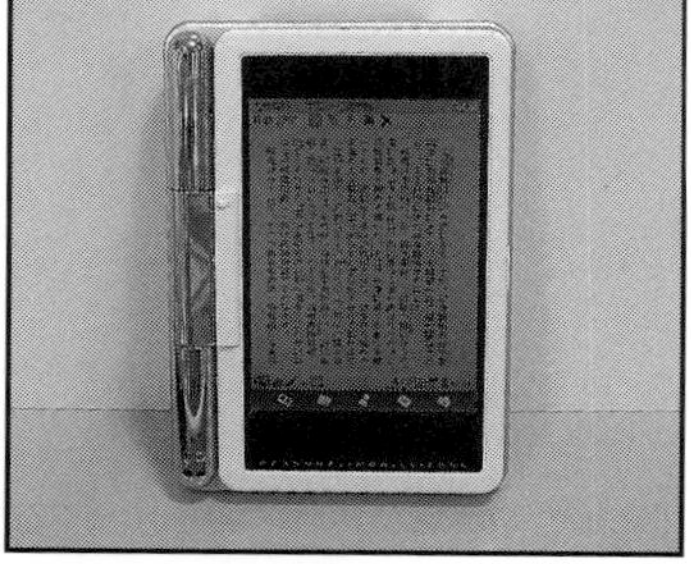

⑨シャープの「ザウルス」に付いている「ブンコビューア」で青空文庫のテキストを読んでいるところ。

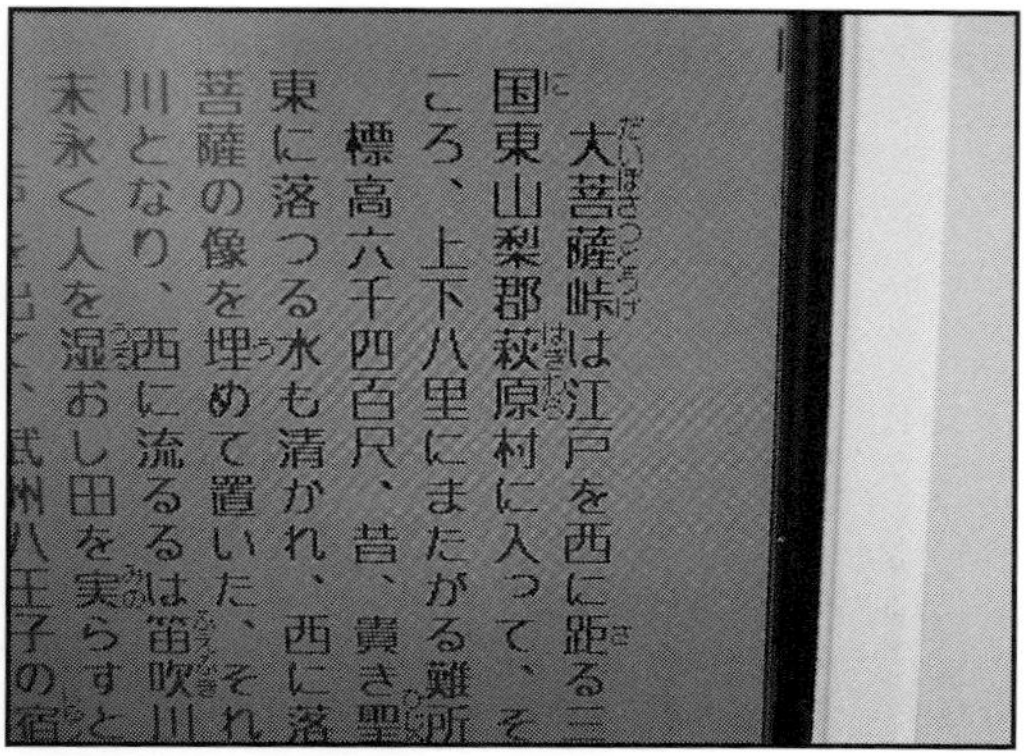

⑩ルビもこのように表示されます。

製本してみよう

製本のいろいろ。
①袋とじ
②中とじ
③上製本（ハードカバー）

【袋とじの場合】
ワープロソフト「Word」などで袋とじ印刷した用紙を半分に折って束ね、一番上に表紙用の白紙を加えて、ホッチキスなどで閉じます。白紙の代わりに厚手の色紙を使えば、より表紙らしくなります。

カバー用の紙で表紙をくるみます。
これで完成です。

【上製本の場合】

丁合い印刷のできるソフト（たとえば、アドビ「PageMaker」）を使って、図のような順番で、青空文庫のテキストを 16 ページごとに両面印刷します。あとで見返しと張り合わせるために、1、2 ページと最後のページは白紙にします。

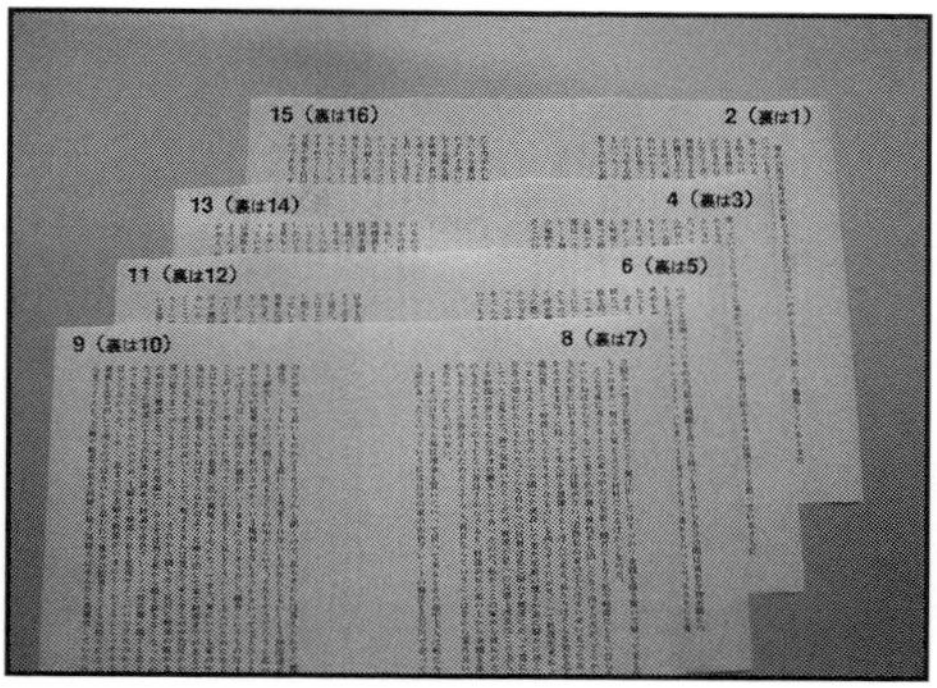

印刷した 16 ページずつを束ねて半分に折り、かがり針で綴じます。針は、クローバー社クロスステッチ針 no.20 などを使用。

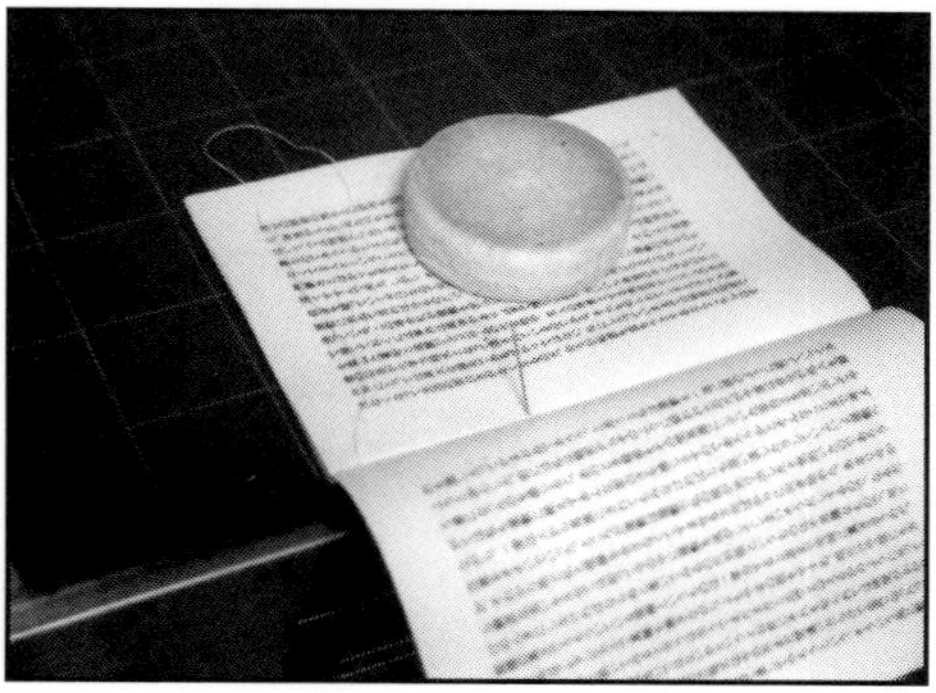

16 ページごとに二つ折りにしたものをページ番号順に重ねて、図のように糸を通していきます。糸は、木綿の太い糸や絹の穴糸などを使用。

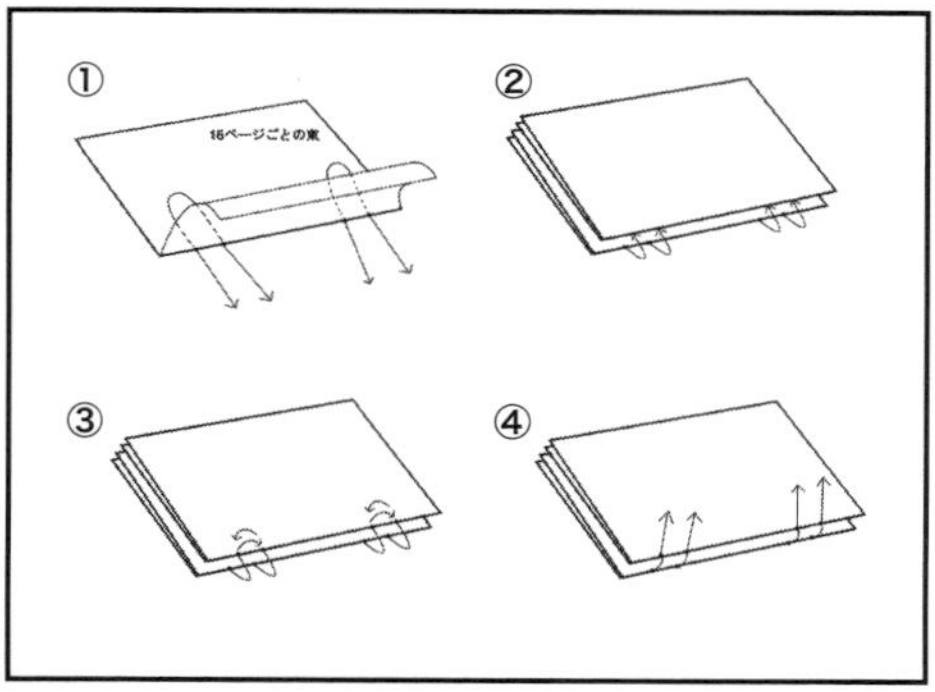

印刷のとき白紙とした 1 ページ目と最後のページに、見返し用の厚手の紙を糊づけして固定します。

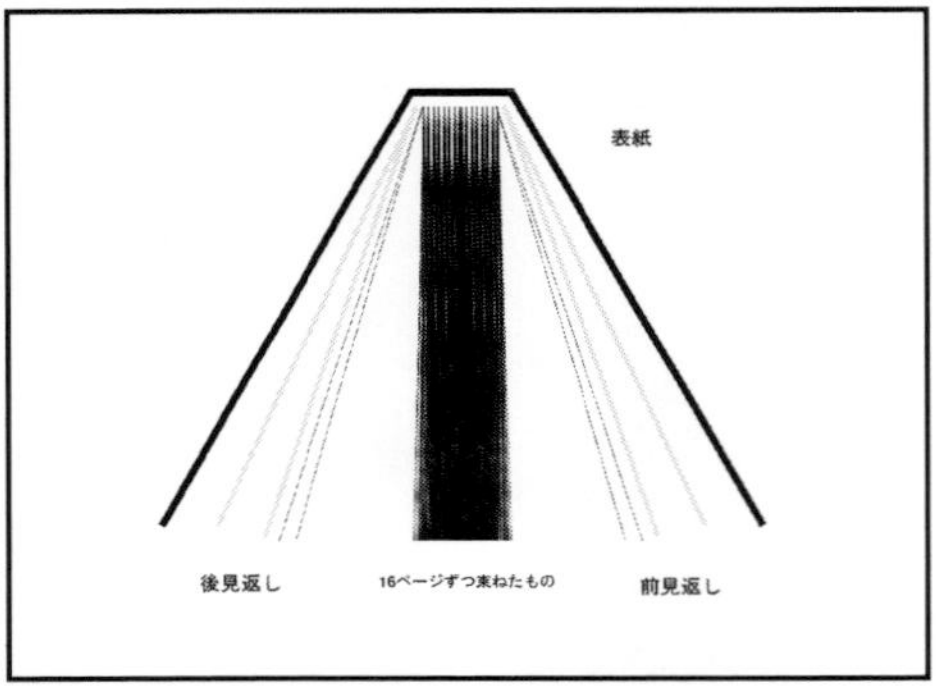

ハードカバーを作成し、見返しのもう片方のページと張り合わせます。

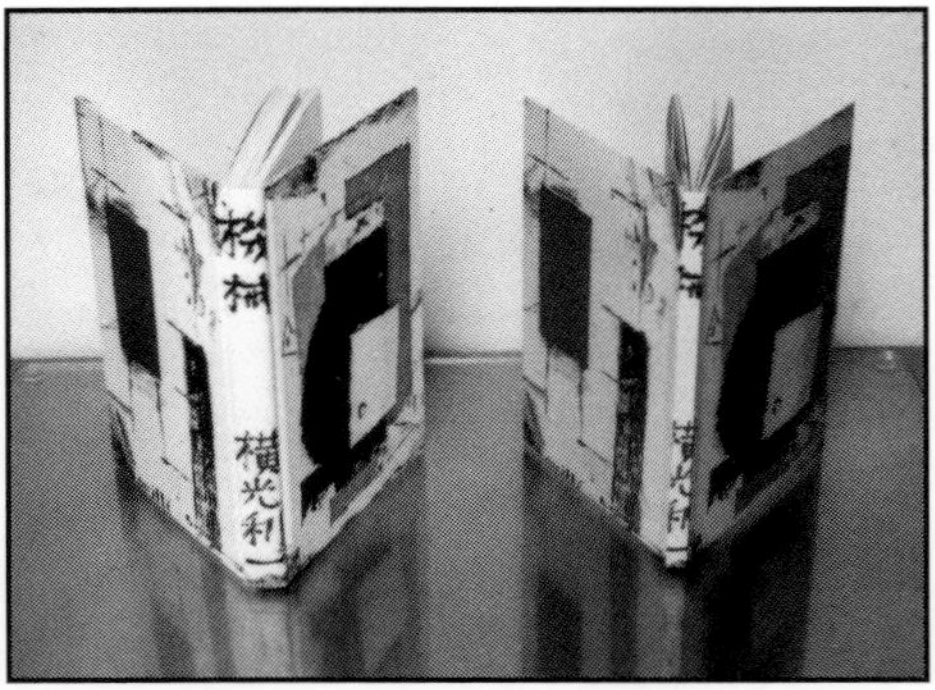

出来上がり。左はほるぷ出版の複製本。右がそのカバーを真似た手製本。

インターネット図書館　青空文庫　目次

1章

青空文庫ものがたり

インターネット図書館の開設から今日まで

プロローグ

二〇〇五年一月一日、青空文庫のトップページに新しいロゴが掲げられた。著作権の保護期間を著作者の死後五〇年から七〇年へと延長しようとする動きに待ったをかける意思表示のロゴである。同じ日、青空文庫からのお知らせを掲載する［そらもよう］に、富田倫生は記している。


青空のぬくもりは、誰もが共に味わえる。

一人があずかって、その恵みが減じることはない。

万人が共に享受して、何ら不都合がない。

著作権法が保護の対象とする、創作的な表現にも、万人の共有を許す「青空」としての性格がある。……


青空文庫は、インターネット上の図書館として一九九七年の〝開館〟以来、年を追うごとにその名を人びとへ浸透させている。来館者は、一日七〇〇〇人を越す。読書を目的とする人だけではなく、検索機能を利用して、たとえば言葉の用例を調べる研究者もいる。テキストファイルをダウンロードして、紙の本にする人もいる。掲示板［みずたまり］は、かすかな記憶を書き込むことによって、書名を忘れた本に再会できる〝お尋ね本コーナー〟となることもある。

先人の遺した〝本〟という知の財産を人びとの共有のものにしていこうという青空文庫の活動は、

当然ながら著作権保護期間に大きな影響を受ける。

たとえば、坂口安吾の場合、すでに複数の作品が青空文庫の手によって電子化が準備され、保護期間を終える二〇〇六年一月一日をじっと待っている。もしも、保護期間が七〇年に延長されて、万が一、これまでに保護期間を終えた著作者にまで溯って適用するのならば、太宰治、新美南吉、中島敦、島崎藤村、泉鏡花、斎藤茂吉、堀辰雄、折口信夫、織田作之助、宮本百合子、林芙美子……、おびただしい数の作家の作品をいったん〝倉庫〟に仕舞い込まなければならない。もちろん、坂口安吾作品の公開は、二〇二六年の一月一日に延びる。自分の現在の年齢に二〇を足してみれば、一人の人間にとって、それがいかに長い年月か実感できよう。

著作者の権利は尊重する、と同時に、保護期間を終えた著作物は、みんなが自由に、手軽に、広範囲に利用できるようにしていく。これが青空文庫の目的といってもいいだろう。保護期間が延長されたとしても、その活動を根本から改める必要はないが、万人の共有を許す著作物が大きく損なわれることは確かだ。

しかし、青空文庫は最初からこのような目的を持っていたのではない。創設に関わった者たちの胸のうちには、それぞれの思いがあった。

1　青空文庫誕生前史――始まりは、いつも人の出会い

電子図書館の実験サイト

一九九七年三月、横浜の中華料理店でささやかな会合があった。集まったのは、富田倫生、野口英司、八巻美恵、らんむろ・さてぃの四人。インターネットに電子図書館の実験サイトを開設しようというのが、その日のテーマだった。気楽な食事会ではあったが、どこから手をつけたらいいか、

どんなしくみにしようか、これから何ができるか、話は尽きなかった。

図書館の名称は、富田の発案に異論はなかった。見上げれば遠く広がる「青空」と、手を伸ばせばそこにある「文庫」という言葉をつなげた極シンプルなものだった。この会合以前に、メンバー同士がメールをやり取りするうちに、いつしか実験サイト開設の試みは「青空文庫プロジェクト」と呼ばれていたのである。

青空文庫――どこか懐かしさを感じるこの名前が電子図書館のその後を方向づけていった、と今では言える。

当時、富田が考えていたことの一つに、絶版になってしまった本、経費の点などで出版できそうにもない本を電子化してインターネット上に公開する、ということがあった。これが広く浸透すれば、従来の出版社・取次店・書店とは違う流通ができる。つまり、自分を含めた多くの書き手に、作品発表の機会を増やせると考えたのだ。そこでは、著作によってお金を得るということより、広く将来にわたって作品が読まれていくことに重きを置いていた。

ノンフィクション作家の富田には、処女作である書き下ろし文庫の『パソコン創世記』(一九八五年)が版元の文庫分野からの撤退によって廃刊になったという経験がある。同書はその後、追加取材のうえ別の出版社から刊行されたが、そのときの版元の対応にも、富田には納得できないものがあった。

八巻には、また雑誌をつくりたいという思いがあった。インターネット上の雑誌なら、なにより制作費を抑えることができる。八巻は、仲間と一緒に一九七〇年代の終わりから八〇年代の半ばまで『水牛通信』という雑誌をつくっていた。原稿料や印税収入を第一目標とはしない書き手がいることも、フリーランスの編集者である八巻の知るところであった。

野口にとって、この実験サイトは、インターネット上に電子本のアーカイブをつくっていくことだった。紙の本と同じように、縦書きになり、ルビ（振り仮名）が付き、ページをめくるように読んでいくことができる電子本の作成ソフトウェアがある。これを利用すれば、パソコンでの読書も苦にならないはずだ。その電子本「エキスパンドブック」のコンテンツをネット上に増やしていく――これは、読書の形を変えるパイオニアワークになるんじゃないか。野口の期待は大きかった。

らんむろは、文学や演劇や映画が大好き。かつて英国の漱石博物館が募集した夏目漱石作品の入力ボランティアをやったこともある。だから、野口からの誘いに喜んで手を挙げたのだった。

エキスパンドブックに魅せられて

富田たちをつなぐキーワードは、「エキスパンドブック」だった。この「エキスパンドブック」をつくるツールキットは、簡単に言えば、電子テキストを〝本〟の様式を持った〝電子本〟にまとめ上げるソフトウェアで、音楽や動画をリンクさせる拡張＝エキスパンド機能も付いていた。米国のボイジャー社が開発したもので、日本では一九九二年にジョイント・ベンチャーにより設立された株式会社ボイジャー（通称ボイジャー・ジャパン）が、その日本語版の開発・販売を行ない、九五年にリリースされたエキスパンドブック・ツールキットⅡは、縦書き・ルビ対応を可能にした画期的なものだった。

八巻は、設立間もないボイジャーで電子本の編集を手伝っていた。だから、日本語版エキスパンドブック・ツールキットができあがっていく過程をリアルタイムで体験していた。富田の場合は、電子本の書評の仕事でエキスパンドブック・ツールキットのことを知り、そのコンセプトと機能に魅かれ、九三年には日本語版を開発中のボイジャーに出入りするようになった。ちなみに、富田は九五年に同社から電子本『パソコン創世記』を刊行している。

当時のボイジャーは、電子出版に関心を持つ人たちのサロンと化していた。エキスパンドブックに可能性を求める電子本作家や編集者が集まり、また、出版社や印刷会社からも注視されていたのである。社長の萩野正昭自身、レーザーディスクのソフト会社にいるときに、米国ボイジャー社の創業者ボブ・スタインと出会い、その〝拡張する本〟に魅せられて、会社の同僚三人とボイジャーを立ち上げたのだった。

野口は、萩野が独立する前の会社の部下だった。萩野の目には、まだ高嶺の花だったマッキントッシュ・コンピュータを買い込み、業務外に何やらやっている奇妙な若者と映っていたらしい。その野口も萩野に誘われて、九四年五月にはボイジャーの社員となっていた。

そして、九七年二月、青空文庫開設の契機が訪れた。富田が『本の未来』（アスキー出版局）を出版するとき、野口はその制作を手伝った。紙の本である『本の未来』を全文エキスパンドブック化して、付録のCD-ROMに収めるのが野口の仕事だった。

あるとき野口は、長文のテキストを公開しているウェブサイトを知らないかと富田に尋ねた。エキスパンドブックのブラウザーにウェブ上のテキストを流し込む機能が付いたので、その中に入れるコンテンツが欲しかったのだ。

ネットで公開されていた「山月記」

富田から、岡島昭浩福井大学助教授（当時）の「日本文学等テキストファイル」のサイトを教えてもらった野口は、早速アクセスしてみた。

国語学者の岡島が公開していたのは、古典文学をはじめ著作権の保護期間の過ぎた国文学がほとんどだった。岡島自身が入力したものもあれば、他大学の研究室にリンクを張って公開しているものもある。公開作品一覧表には、あまり文学に馴染みのなかった野口でさえ知っている作家の名前が並んでいた。芥川龍之介、森鷗外、夏目漱石……。高校生のころ、国語の教科書で読んで印象深かった中島敦の「山月記」もあった。

野口は驚いた。著作権の保護期間が過ぎているにしても、ネット上に公開していいものだろうか。富田に聞くと、グレーな部分もあるが問題はないと言う。そこから話は、インターネット電子図書館に及んだ。

米国では七一年に、当時イリノイ大学の学生だったマイケル・ハートによって、プロジェクト・グーテンベルクが始まっている。このプロジェクトは、著作権の切れた名作・古典などいろいろな分野の文書をボランティアが電子化して、インターネット上に公開するという活動だ。そのうち日本でも、プロジェクト・グーテンベルクのような電子図書館づくりが動きだすだろう――富田の話は、野口を喜ばせた。

野口は、エキスパンドブックを使った電子図書館の可能性を見出した。その構想を富田に話すと、実行するなら自分も加えて欲しいと返された。八巻、らんむろにも、この構想を伝えると、ぜひ参加したいと返事がきた。横浜で四人が集まった日の、ひと月ほど前のことである。彼らの反応に意を強くした野口は、岡島にテキスト提供依頼のメールをする。

「私たちは、インターネット上に図書館を開きたいと考えています。いろいろな人が自由に電子本〝エキスパンドブック〟をダウンロードすることができて、コンピュータの画面上で読めるようにしたいのです」

岡島から快諾のメールが来た。条件は、テキストの入力者を明示することのみ。野口は、すぐに「山月記」をダウンロード、エキスパンドブック化して電子図書館の見本ページを作成、自らのサイトにアップした。富田たち三人は、これを事前に目にしてから〝横浜会議〟に臨んだわけである。だから、「青空文庫」開設にはリアリティがあった。

初めの一歩は五冊の蔵書

二葉亭四迷「余が言文一致の由来」、森鷗外「高瀬舟」、与謝野晶子「みだれ髪」（明治三四年版と昭和八年版）、中島敦「山月記」——野口は、エキスパンドブック化したこの五作品とともに、電子図書館の仮サイトを五月末までにつくりあげる。もととなったテキストは、すべて岡島のサイトにあるものだった。URLは、野口の所属するボイジャーのドメイン内に置いた。いわば会社公認で社屋の一室を開放して、エキスパンドブックの書棚を設けるようなものだった。それにしても五冊は少ない。けれど、こうして青空文庫は正式オープンに向けてさらに歩を進めた。

同じころ富田は、「われわれは青空文庫で何を目指しているか」を文章化する作業に取り組んだ。この文章を作成することにより、朧気な電子図書館計画に、はっきりとした方向性が示されることとなった。

また、当時は青空文庫を〝道しるべ〟とする構想もあった。インターネットの普及に伴い、たくさんの人がホームページをつくって自分の作品を公開しはじめている。そうした作品の在り処を青空文庫で示していきたい。これは、富田が野口に問われて、ネット上に長文テキストを探し回った体験から生まれた構想だった。そして実際、そんなサイトを見つけては青空文庫への登録を依頼する作業を地道に行なっていった。

人と人の出会いがあり、点と点が結ばれていった。インターネット時代のネットワークが、また一つ、ここに構築されようとしていた。

2　開館した青空文庫——やって来た人のチカラで

青空文庫の提案

九七年八月に入って、青空文庫のコンセプトを示す〔青空文庫の提案〕が七月七日付けで公開された。文末には「呼びかけ人」として、〝横浜会議〟の四人の名前が並んだ。九月には青空文庫のアドレスも、それまで暫定的に使っていた野口のURLから、専用のURLへ移され、「青空文庫ホームページ」が正式に始まる。トップページには、青空文庫の提案から冒頭二行が掲げられた。

電子出版という新しい手立てを友として、私たちは〈青空の本〉を作ろうと思います。
青空の本を集めた、〈青空文庫〉を育てようと考えています。

青空文庫では、公式な〝誕生日〟を九七年七月七日としている。このメッセージを産声として、青空文庫が育っていったからだ。最初の五冊のエキスパンドブックも、登録日をこの七月七日とした。

開館にあたって、呼びかけ人たちは、いくつかのルールを設けた。著作権法によって定められた保護期間の終了した作家の作品と、たとえ保護期間内でも作家が「金銭的な見返りを求めない」と決めて公開する作品、この二つが〈青空の本〉であること。また、〝蔵書〟の形式はエキスパンドブック版だけではなく、インターネットにおいて一般的なHTML版、電子テキストの基本でもあるテキスト版の三つとするよう務めること。

時の流れとともに、このルールには変わってしまった部分がある。エキスパンドブック版は、一企業の成果物であるフォーマットが将来も有効である保証がないこと、読むのに便利なテキストビュワー（閲覧用ソフトウェア）が各種できたことなどを理由に、二〇〇二年五月、新規作成を中止した。併せて、ルビ付き・ルビなし両方で作成していたテキストをルビ付きだけとし、HTML版は新規登録作品よりXHTML版に変更することとした。これで、〝エキスパンドブック図書館〟という当初のイメージはなくなり、新たな電子図書館像を模索していくことになる。

また、開館当初は、著作権切れの〈青空の本〉と著作者自身が公開を望む著作権存続中の〈青空の本〉の収蔵作業は車の両輪のように考えられていたが、現在では後者の新しい収蔵は諸般の事情でストップしている。

青空文庫工作員マニュアルの作成

青空文庫ホームページに最初にできたコーナーは、九七年一〇月開設の〔そらもよう〕だった。これは、青空文庫からのお知らせを載せるためのもので、一〇月以前の主要な出来事も書き込んだうえで、スタートさせた。翌一一月には、掲示板〔みずたまり〕ができた。

富田たちが特に時間をかけて取り組んだのが、同年一二月にアップした〔青空文庫工作員マニュアル〕である。「工作員」とは、〈青空の本〉の入力や校正、ファイル作成などを行なう人たちのことで、このマニュアルは入力と校正の作業を担うボランティアのための手引き書だ。

最初、こうした作業は、〝横浜会議〟に参加した四人だけで、手分けして行なうつもりだった。章立て、字下げ、ルビの付け方などのテキスト入力方法は、そのつど取り決めていく予定だったのである。しかし、試しにホームページに「入力・校正ボランティア募集」を掲げたところ、手を挙げてくれる人が現れた。そうなると、統一した入力方法が必要になってくる。呼びかけ人たちは、マニュアル作成は避けられないと判断した。

そんなころ、視覚障碍者読書支援協会の関係者から、青空文庫にリンクした旨のメールが届いた。同協会では、ボランティアによる電子テキスト化に取り組み、入力された基本データをもとに、拡大写本や点字本の制作、本の音声化などの活動を行なっているという。同協会のホームページを見た野口は、青空文庫のテキスト入力方法を同じものにできないかと考えた。同じにすれば、青空文庫のテキストを協会でも使えることになるからだ。

野口は、東京の田町で開かれていた勉強会に参加し、会員用の『原文入力ルール』を貰う。九四年の初版以降、試行錯誤のなかで改訂新版を重ねてきた労作だった。そして、この冊子を参考にして、〔青空文庫工作員マニュアル〕を作成したのだった。以降、こちらも、改版を重ねていくことになる。

ちなみに、ルビを《　》内に入力する形式を「青空文庫ルビ形式」と呼ぶことが多いが、これも同協会の入力ルールに合わせたものだから、「視覚障碍者読書支援協会ルビ形式」と呼ぶべきかもしれない。

来館したさまざまな人たち

青空文庫は、ボイジャーとの関わりから、電子出版に興味を持つ人たちからはそれなりに注目されていた。開館前から富田がシンポジウムで構想を語り、開館直後にはボイジャーの萩野が編集人に名を連ねる『季刊　本とコンピュータ』で紹介された。以降、主にコンピュータ系の雑誌にたびたび登場する。

九七年一一月読売、同年一二月日経、九八年三月読売、同年一二月産経……と、新聞にも青空文庫の紹介記事が載った。テレビで紹介されたこともあった。そのつどアクセス数が増え、いろんなタイプの人たちが青空文庫を訪れるようにもなった。

〔青空文庫の提案〕に感じるものがあったのか、パソコンにさほど明るくない人たちも、著作権切れの〈青空の本〉づくりを申し出てきた。それにはマニュアルが役に立った。

開館初期のエピソードを一つ挙げれば、入力したテキストを掲示板〔みずたまり〕へ全文アップしてしまった人がいた。入力したファイルをメールに添付して送信するすべを知らなかったのだ。

しかし、その工作員のおかげで青空文庫の作品は一段と増えることになる。

プロの校正者や編集者、現役の国語教師も工作員に志願してきた。また、呼びかけ人の働きかけで、作家、詩人、芸術家たちも自分の作品を〈青空の本〉として棚へ納めにやってきた。

高校一年生の少年が、シャーロック・ホームズの短編を自分で翻訳して寄こしたこともある。この少年、大久保ゆうは大学進学後、「京都大学電子テクスト研究会」を立ち上げ、工作員のユニット化という形で入力・校正作業の効率化を図ろうとしている。

パソコンに明るいどころか、ソフトウェアの開発をこなせる人も青空文庫に出入りするようになった。電子出版の関係者だけではなく、青空文庫をきっかけに、電子テキスト作成時のツールやその〝読書〟の利便化を図るソフトウェアをつくりあげるプログラマーが現れたことは特筆していいだろう。

青空文庫のリニューアル

さまざまな興味や技術を持った人たちが来館し、そのなかには工作員として活動に参加する人もいれば、外からサポートする形で青空文庫にツールを提供する人も現れる。また、〝世話人〟として青空文庫の運営に深く関わるようになる人もいる。

このような人たちの情報の交換の場として、二〇〇〇年四月には、青空文庫メーリングリストを開設した。これを使って、テキストの入力、校正時の疑問点だけではなく、青空文庫の運営に関しても協議される。青空文庫として統一した見解を出すときは、必ずこのメーリングリストで話し合うことになっている。

このメーリングリスト開設のころ、もう一つの大きな動きがあった。それは、青空文庫に所蔵される作品のデータベース管理システム構築だった。青空文庫の蔵書数が飛躍的に増えはじめたために、作品の管理を手作業で行なうことに無理が生じてきたのだ。

まず野口が基本構造を考え、その後、富田やソフトウェアのシステム開発を業とするLUNACATが中心となってメーリングリストで討議し、プログラマーの手を借りて二〇〇二年秋にデータベースは完成した。これにより、作品登録・管理がシステム化され、インデックスや図書カードも自動的に生成されるようになった。

データベース化に伴い、ホームページも整備され、現在のような〝つくり〟になった。トップページに置かれているコーナーだけで二五を越す（次ページ表参照）。

「メインエリア」は、図書館で言えば書架・閲覧室の部分。「掲示板」「青空文庫・別館」「資料室」には、来館して常連になった人や側面から支援しようといった人たちが開設してきたコーナーもある。「リンク」についてはメンテナンスにかかる手間から更新を中止、当初すすめていた相互リンクも現在はやっていない。

インターネット図書館「青空文庫」の特色

青空文庫の蔵書は、日々増えつづけている。現在の来館者は、スタート時がわずか五冊だったことなど想像もできないだろう。作品数が一〇〇〇を越えたのは二〇〇〇年六月、〇三年九月には三〇〇〇を越え、青空文庫満七歳の誕生月にあたる〇四年七月には四〇〇〇を越えた。〇五年七月七日には四七〇六を数える。

蔵書数が多い公共図書館は、交通の便や周辺環境も関係するが、比例して利用者数も多くなる傾向がある。都立日比谷図書館の場合、図書は一三万冊で、一日の入館者はおよそ二〇〇〇人だと言う。青空文庫の場合、蔵書四八〇〇冊にして、一日七〇〇〇人が来館する。蔵書数の割には利用者数が多いと言えるだろう。

メインエリア	
青空文庫早わかり	作品の読み方や留意事項など。来館者に知っておいてほしいこと。
総合インデックス	作家名、作品名の五十音別索引。公開作品と入力・校正作業中の作品を一覧。
お知らせ	
新着情報	新規公開の一覧表、随時更新。作品名・著者名、作業者名等を告知。
そらもよう	青空文庫からの「お知らせ」を掲載。1997 年からの記録閲覧可能。
訂正のお知らせ	収蔵作品の訂正箇所一覧表、不定期更新。訂正作業はまとめて実施。
掲示板	
掲示板：みずたまり	自由に書き込める掲示板。問い合わせ、感想、意見など話題は多彩。
むしとりあみ	誤植の報告・問い合わせ、意見交換、処理決定の掲示板。
こもれび	工作員の情報共有が目的の掲示板。作品の疑問、作業への提案など。
青空文庫・別館	
読書新聞：ちへいせん	浜野智編集長の読書新聞、随時更新。電子本作成、文学館の紹介など。
aozora blog	野口が立ち上げたブログ。青空文庫に関係する人たちが、日々を綴っている。
明日の本棚	JISX0213 対応のファイルを公開する実験サイト、不定期更新。
小熊秀雄プロジェクト	「ちへいせん」との連動企画。作業中の作品も仮公開。
随筆計画 2000	もりみつじゅんじが『日本の名随筆』（作品社）をもとにまとめた随筆一覧。
資料室	
青空工作員マニュアル	入力・校正作業の手引き。著作権の基礎知識や作業のすすめ方など。
青空文庫Q&A	aozora blog と連動した Q&A ページ、不定期増。よくある疑問とその回答。
登録全作家インデックス	登録全作家の作品の登録状況、進行状況確認に使える索引。
著作権が消滅した作家	死後 50 年以上の作家のリスト。青空文庫への登録可能かを判断。
青空文庫読書ガイド	ファイル形式（HTML、テキスト、エキスパンドブック他）の説明。
青空文庫検索ページ	もりみつじゅんじ作成、各種検索エンジンで青空文庫サイト内を検索。
TEXTの読み方	携帯端末などで電子テキストを読む方法。「ザウルス」「ｉアプリ」他。
〈歩みの記録〉	「そらもよう」から 2004 年以降の重要な話題を抜き出す。 2005 年 3 月 16 日〔紫式部著、与謝野晶子訳「源氏物語」公開完了〕／1 月 1 日〔著作権保護期間の 70 年延長に反対する〕 2004 年 11 月 6 日〔三石玲子賞を受賞〕／8 月 12 日〔「こもれび」へのリンクにあたって〕／7 月 19 日〔第二期むしとりあみ始動〕／7 月 7 日〔7 年目の 7 月 7 日〕／5 月 17 日〔azur でひらく「新 JIS 漢字総合索引」〕／4 月 1 日〔京都大学電子テクスト研究会の誕生〕／1 月 26 日〔訓点注記の簡略化〕／1 月 4 日〔工作員リストの更新〕
運営について	
青空文庫の提案	青空文庫が、どんなコンセプトでスタートしたか。1977 年 7 月 7 日付け。
青空文庫のしくみ	青空文庫が、どのようなしくみで運営されているか。人、財政などを紹介。
会計報告	98 年から 2003 年度の会計報告。99 年度からは、みなし法人として申告。
直面した課題	青空文庫が直面した問題と対応。1997 ～ 99 年に起きたこと 4 つを報告。
リンク	
電子テキストのある場所 **リンク（あれこれ）**	更新休止中。

しかし、両者の数字を同列に並べて比較するのには無理がある。これまで〝蔵書〟という言葉を頻繁に使ってきたが、実際には青空文庫では作品ごとのファイル数になる。ほんの数行の随筆も一つの〝蔵書〟として数えられている。だから、入力に使用した底本で数えればその蔵書数はぐっと減ることになる。また来館者数も、人数ではなくアクセス数になる。開館時間についてみれば、日比谷図書館は平日で一〇時間、青空文庫は二四時間入館できる。

青空文庫の利用者が多いのは、単純にインターネット上の図書館に優位な点が多いからだろう。わざわざ出向く必要がない、閉架や貸し出し中の本がない、検索機能を利用して調べものができるなど、その利点は数多く存在する。

また、日本語を表示できる環境があれば、海外にいても利用できることも利点の一つだ。たとえば、フィリピンに派遣された青年海外協力隊員が、「日本語の本」を読みたいがために青空文庫を利用したりする。青空文庫の読書だけでは飽き足らなくなって、外国滞在中に入力・校正を行なう人もいる。経験者の門田裕志は、［aozora blog］に「海外で青空文庫の工作員をするには」というタイトルで、そのポイントを書き込んでいる。

インターネットに存在する青空文庫。当然ながら〝来館者〟同士が顔を合わせることはない。また、呼びかけ人が工作員に会うことも、工作員同士が会うことも通常はない。ホームページ上の［そらもよう］や掲示板［みずたまり］等を情報共有の場とし、青空文庫メーリングリストを協議の場として、お互いの情報交換はメールを使う。インターネット上にあるから、それが成立する。実際、青空文庫がリアルな事務所を持ったことは一度もない。URL以外に住所はないのである。そこが利点でもあり、同時に欠点でもあることが次第に分かっていく。

3　青空文庫に突きつけられた課題――考えつづけながら、継続していく

お金と人をめぐる問題

青空文庫は、来館者からお金を取らない。これも最初に取り決めたルールである。しかし、入力や校正が無償のボランティアであったとしても、サーバーの使用料や図書費、事務用品等の消耗品代など毎月の出費がある。また、一定の責任を持って管理・運営に当たる者が必要になってくる。そのような経費はどのように捻出しているのだろうか。

青空文庫の収入は、現状では青空文庫上のバナー広告の掲載料のみ。サーバーの使用料などは、ここから支払われることになる。しかし、人件費が出せるほどの収入はないし、もともと管理・運営に対してお金を支払う体制をとってはいない。現在、管理・運営に当たるのは、七、八名ほど。主宰者とみなされるほど青空文庫の顔となっている創設メンバーの富田。「点検部屋」と呼ばれる、入力・校正済みファイルのチェック部門を担当する門田裕志と小林繁雄。入力・校正者の受付担当となっているＬＵＮＡ ＣＡＴ。他に、［むしとりあみ］で誤植の判定をする「バグ取り行司人」が数人いる。彼らはみな無報酬で作業を行なっている。

かつて青空文庫も有給の専従スタッフを置いたことがあった。その発端は、野口の提案だった。九七年に開館して以来、早くも九八年の半ばには、工作員への対応をはじめとして、青空文庫の維持に多くの時間が必要になり、作品の登録が滞るようになっていた。そんな状況を見かねて、富田ら他の呼びかけ人に、自分が専従となってはどうかと持ちかけたのだった。しかし、専従スタッフは欲しいが、収入がなければ暮らしが成り立たないのではないか……。

そうしたなか、富田が中心になって、「トヨタ財団」に研究助成を申請する。それが通り、九八年一〇月から二年間、研究助成を受けられることになった。研究テーマは、新しく定める「ＪＩＳ

漢字コード」にかかる調査。申請は研究目的にあったが、助成金を運営費に回すことも動機のうちだった。

野口はボイジャーを退職し、青空文庫の専従スタッフとなった。校正済みのテキストファイルを整えて、ＺＩＰ圧縮、ＨＴＭＬ化、エキスパンドブック作成、さらに図書カード作成、インデックス作成、［そらもよう］への告知……。仕事はいろいろあった。工作員からの問い合わせに応えること、入力済みテキストをプリントアウトして校正担当の工作員へ発送することも重要な仕事だった。

専従になった日から、野口は毎日、作品をアップすることを心がけた。作品数を増やすことが、何より青空文庫の知名度を高めると考えたからだった。事実、知名度は上がっていき、工作員の志願者も比例して増えていった。専従体制は、上々のすべりだしだったと言える。ところが、思わぬところから綻びはじめた。工作員への応対が次第に野口の負担となっていったのだ。日々たくさんの見知らぬ人とのメールによる〝会話〟。想像もできないようなスレ違いが生じることもある。電話で話せたらどれだけ楽だろう。メールの文体からも、声の抑揚で分かるような機微を感じ取ればいいのに……。翌年の夏には、メールボックスを開けることもままならなくなっていた。

この野口の不調をきっかけに、呼びかけ人たちは、お金と人の問題を強く意識するようになる。有給専従者を増やすのか？　それを望んだとして果たしてできるのか？　無償ボランティアである工作員と有給専従者との区別をどうするのか？　すっきりした答えは出なかった。

野口は、しっかりした基礎がなければ堅牢な建物は建たない、たとえ青空文庫を〝休館〟させることになっても、まず運営基盤を確立させるべきだと主張した。しかし、これは総意とはならず、野口は青空文庫データベース管理システムの基本構造をつくりあげたあと、専従を降りる。二〇〇二年八月のことだった。前後して、小林繁雄が仕事を辞めて、青空文庫運営の主力となる。当時、カナダのバンクーバーにいた門田裕志も、青空文庫運営に深く関わるようになっていく。

ゆるゆるとした集団がいい

一九九七年の開館時の呼びかけ人は、横浜の会合に出席した富田倫生、野口英司、八巻美恵、らんむろ・さてぃの四人。その後すぐに、絵本作家として著名な長谷川集平が加わり、長谷川の関係から九八年三月には米田利己も加わった。富田の著書『本の未来』に感銘を受けたLUNA CATやウェブサイト「楽（GAKU）」を運営している浜野智が加わったのもこのころである。

当初、〝呼びかけ人〟は、呼びかけ人たちの同意のもと、随時増やしていくつもりだった。しかし、現実には、そうした展開には無理があった。九八年六月には、富田、野口、八巻、らんむろ、浜野、LUNA CATの六人態勢となり、二〇〇二年には専従スタッフを降りた野口が抜けて、五人のまま現在に至っている。

青空文庫には呼びかけ人はいるが、代表者はいない。現在〝世話人〟と呼ばれることの多い管理・運営者は、活動のなかで自然に決まってきた。税務上のみなし法人とはなっているものの、基本的には個人の集まりである。呼びかけ人たちがつくったルールはあるが、NPO法人や任意団体が定めるような規約の類はない。あえて言えば〔青空文庫の提案〕を憲法として、ことあるごとに青空文庫運営サイドで考えてきた。二〇〇〇年四月以降は、青空文庫メーリングリストを活用しているわけである。

呼びかけ人と工作員の名は、〔青空文庫を支える人々〕で公表している。その数は、五七〇人（〇五年九月二四日現在、団体含む）。ここには、青空文庫からテキストの提供を依頼した人や、ソフトウエア開発で青空文庫に貢献した人などの名も挙げられている。

青空文庫には入会資格のようなものもないし、退会手続きもない。〈青空の本〉を増やす――この目的のもと、ゆるゆるとした集団で進んでいく。これが、現在の青空文庫のあり方なのだ。お金と人の問題、運営のしかたは、継続課題だと言えるだろう。

著作権に関わる問題

青空文庫が活動をつづけるなかで、突きつけられた課題は〝組織問題〟だけではなかった。著作権の切れた〈青空の本〉づくりに関わる問題については、その経過、対応などを〔直面した課題〕として公開している。そこには、「校訂者の権利について」「編集権について」「『ヴィヨンの妻』著作権侵害未遂に関する報告」「『圓朝全集』は誰のものか」が記されている。

「『ヴィヨンの妻』著作権侵害未遂に関する報告」は、著作権法の理解不足から発生した問題の報告だ。著作権の保護期間は五〇年だが、その起算は著作者の亡くなった年の翌年一月一日からになる。それを亡くなった日からと誤解して、太宰治の『ヴィヨンの妻』を一九九八年六月一三日の公開に向けて準備をすすめていた。福井大学の岡島昭浩の指摘で、この事実を知ったときには、すでにある企業に『ヴィヨンの妻』のファイルを提供していた。青空文庫作品を納めたCD-ROMとして、六月一九日の発売を待つばかりだったのである。結局、著作権継承者に連絡を取り、使用料を払うことよって事なきを得る。この経験から富田は、こう記す。

〈公表された著作物は、「誰のものでもない、表現した人のもの」であると同時に、「公共の知的財産」という性格を帯びると考える。この公共性の側面を重視して、青空文庫は「著作権が切れたものはただで読めるようにしたい」と目標を据えている。

ただし、こうした価値観にそって体制を整えていくことは、出版産業に関わる人からは、必ずしも歓迎されるとは限らない。ただの本をばらまこうとする我々は、一方で出版産業の貢献を尊重し、彼らとの合意点を模索すべきであろうし、もう一方で常に警戒心を持って、法的な制裁を加えられることのないよう、備えるべきだろう。〉

〈青空の本〉が公共の文化に資するものだとしても、無邪気に公開をすすめるわけにはいかない。著作権問題に関して実質的な担当をしてきた富田は、その責任の重さを痛感した。

けれども、富田が慎重でなかったわけではない。この〝事件〟以前にも、荻原井泉水のまとめた尾崎放哉の句集『大空』に関して、井泉水について編者の権利が存続していることを理由に公開を留めた経緯があった。放哉の句は編みなおして公開することになるが、この件は、編者となった浜野智が「編集権について」という題で九八年五月に報告している。遡って九七年一二月の「校訂者の権利について」では、世阿弥著『風姿花伝』に関して、版元とのやりとりを経て、校訂者の権利を認めて公開を断念したことが記されている。

著作権問題は、九九年六月作成の報告「『圓朝全集』は誰のものか」で、より深く追究されることになる。ここでは、版元の著作権意識をも問うている。

入力底本と出版社

著作権切れの作品を入力するにあたって、青空文庫側がその底本を提示することはない。自分の持っている本、図書館にある本、古本、新刊本、何でもいい。だが、今も刊行されている本を使って入力していいのかという疑問も湧くことだろう。

現行の著作権法には、「出版社」の権利については記されていない。著者の原稿から出版物をつくる、全集を編む、文庫化する——といった行為には、権利が発生しないと考えられている。

著者や翻訳者以外で、明らかに権利を持つと考えられるのは、俳句や詩、日記や短編を選別して編みあげた「編者」、および、古典文学等で他の伝本と照らし合わせて正誤を判断していくといった作業を行なった「校訂者」だ。〝創作性〟があるかどうかの判断が決め手になると言えよう。

したがって、編者や校訂者に留意さえすれば、書店の棚に並んでいる本を使っても著作権法上の問題は生じないと考えてよい。ただし、グレーゾーンもあって、このあたりは青空文庫運営サイドでチェックしているのが現状だ。

もっとも、出版社がどう思うかは別問題である。出版社も企業であり、自分たちの利益を損なうと考える活動に対して否定に動くのは当然というものである。

前に紹介した富田の言葉にもあるように、出版社との合意点を模索するべきではないかと考えた時期もあった。ボイジャーとの関係から、ある出版社の発売するCD-ROMに収録されたテキストファイルを、了解を得て青空文庫に登録したこともあった。けれど、そのテキストは外すことになる。やはり社会的利益と企業利益の兼ね合いは難しい面があり、青空文庫の力だけでは合意形成はできないのではなかろうか。

一方で、出版社から表立って抗議を受けたことは一度もない。青空文庫が営利を目的としないボランティア集団だからなのか、社会的貢献が評価されてのことなのか、その辺りは知るすべがない。

4 青空文庫のネットワーク——深まりと広がりは、電子テキストを介して

JIS漢字コードの取り組み

紙媒体にある表現物を電子媒体に移す際に問題が生じることは、青空文庫を始めるときから予想はされていた。大きな壁となったのが、JIS漢字コードにおける限界だった。つまり、底本にある漢字がパソコンにない、あるいは、いわゆる俗字しかない問題だ。ごく大雑把に言うと、パソコンにない漢字をJIS外字と呼ぶ。いわゆる正字も、パソコンに用意されていなければJIS外字となってしまう。そのJIS外字を、青空文庫のテキストではどのように表記したらよいだろうか。

ここでも視覚障碍者読書支援協会の『原文入力ルール』が役に立った。同じような悩みを抱えて

いた彼らは、外字の表記に「入力者注」という方法を用いていた。該当漢字のある場所に、［＃原本ページ数‐行数］というような注記を置いて底本を参照させるものだ。青空文庫はこの形式を発展させて、注記内に底本の漢字について篇《へん》と旁《つくり》などの説明を入れることにした。しかし、この説明にも壁があった。とりわけ大勢のボランティアが関わる青空文庫では、複雑な漢字の注記のしかたが分からない、入力者によって同じ漢字でも注記が違ってしまう、といった問題がすぐに顕在化した。そこで、青空文庫は外字注記の標準化を目指す。これは、のちに「漢字外字注記コレクション」として形になっていく。

　一九九八年五月、青空文庫の外字注記の取り組みが注目されることになる。ＪＩＳ漢字規格改正原案委員会のメンバーから、青空文庫作品中にある外字について情報提供の依頼があったのだ。ＪＩＳ漢字水準を第三水準、第四水準に拡張する、その漢字選定の資料にしたいということだった。ちなみにＪＩＳ漢字とは、パソコンや携帯電話などの情報機器で用いられる漢字を、その入力・処理・蓄積・交換・出力において、統一したコードとして規格標準化させた漢字のことを指す。ＪＩＳ＝日本工業規格が定める規格である。日常よく使われる漢字は第一水準に、人名・地名や日常あまり使われない漢字は第二水準に配置されている。

　呼びかけ人たちは、新ＪＩＳ漢字策定チームへ提出する資料をまとめるなかで、インターネット上に電子図書館を構築していくには、ＪＩＳ漢字水準の整備が必要不可欠であることを再認識した。そして、文学作品における外字収集をテーマにトヨタ財団に研究助成を申請、前述の助成を受けることになったのである。

　二〇〇〇年一月、新ＪＩＳ漢字コード（ＪＩＳ Ｘ ０２１３）は公表された。しかし、その新ＪＩＳ漢字を使うためには、ＯＳ、フォント、アプリケーションなど、そのすべての対応が必要となってしまうため、まだ一般化している状況にはない。青空文庫では、新ＪＩＳ漢字が表示できるフォント、アプリケーションの情報提供や、新ＪＩＳ漢字コードを使用したテキストファイル作成などを通して、ＪＩＳ漢字水準の整備に向けた作業を継続している。

青空文庫のなかに生まれたプロジェクト

青空文庫には、「宮本百合子全集」を入力した柴田卓治のように、大部の作品をすべて一人で入力してしまった例もある。しかし、大作を一人で入力、または校正するには限界がある。自然と、仲間を募って作業をすすめようという動きが出てきた。

たとえば、二〇〇一年には、浜野と八巻が中心になって「小熊秀雄全集プロジェクト」を立ち上げた。ほかにも、「原民喜プロジェクト」「まれびと（折口信夫）プロジェクト」などが進行中だ。

青空文庫〈歩みの記録〉にある〇五年の〈紫式部著、与謝野晶子訳「源氏物語」公開完了〉は、〇三年二月にkompassが立ち上げた「光の君再興プロジェクト」の達成を指す。このプロジェクトは、上田英代が「古典総合研究所」で公開していたテキストに工作員が再校正を行なって、青空文庫に登録しようという試みだった。それが二年弱で成し遂げられたのである。

大部の作品について言えば、中里介山『大菩薩峠』や岡本綺堂「半七捕物帳」シリーズは、特にプロジェクトは組まれてはいないが、それぞれ中心的な役割を果たした工作員がいる。

ちなみに、『大菩薩峠』の最初の巻が登録されたのは二〇〇一年五月、最後の巻は〇四年五月の登録。この年七月七日の朝日新聞には、〈ネット図書館4000冊　ボランティアに支えられ　7周年「青空文庫」「大菩薩峠」も全編〉という大見出しで紹介されている。

また、「半七捕物帳」の作品が最初に登録されたのは一九九八年七月、全六九話が揃ったのは〇二年五月のこと。大久保ゆうは、シャーロキアン（シャーロック・ホームズ愛好家）ならぬハンシチアンに感謝の気持ちを込めて、「ThComplete 半七捕物帳」を開設。このサイトを見れば、作者執筆順・

事件発生順、事件発生日と解決日が分かる。

協力者による青空文庫の充実

ゆるゆるとした集団で成り立つ青空文庫は、そこに参加する人のキャラクターも多彩になる。名前一つ取っても、本名だったりハンドルネームだったり、本名とハンドルネームを使い分けていたり、ハンドルネームを複数持っていたりさまざまなのである。

ウェブサイトの設置やソフトウェアの開発等で、青空文庫に関わる人たちも多い。こうした人たちが、青空文庫を支え、読者や工作員を増やし、蔵書の充実にも寄与していると言える。

たとえば、もりみつじゅんじは、青空文庫内にある「随筆計画2000」や「青空文庫検索ページ」を作成した。鈴木厚司は、「テキストビューワー」一覧や「青空文庫年表」などを含む「青空文庫コンテンツ」のページを公開している。PoorBook G3 '99は、収録作品に出てくる外字を収めた「外字注記コレクション」を作成している。

たとえば、プログラムを専門とする結城浩は、「旧字体置換可能チェッカー『校閲君』」など工作員向けツールを用意し、加賀是空は、「1クリック Aozora」という作品ファイルのダウンロードを簡略化するソフトウェアを開発し、ともにネットで無料提供している。

たとえば、言語学と日本語教育が専門の大野裕は、「青空文庫関係ファイル」というページを用意し、「青空文庫新着情報RSS」や「XHTML変換スクリプト」を提供している。

さらに、PDAのPalmを愛好するPal Macは、「青空文庫パーム本の部屋」で、Palm OSで読めるようにした青空文庫の作品を公開。ゼファー生は、「二代目てのり青空文庫」を開いてPal Macの作業を引き継いでいる。また、hongmingによる「一太郎で『青空文庫』」というサイトもある。hongmingは、工作員同士の情報共有の場として、掲示板「こもれび」も運営している。

大野裕と一緒に「読書blog――すいへいせん」を始めたten。あとから加わった、古くからの工作員であるJukiたちと、新鮮な視点で青空文庫の収録作品を紹介している。

現在、青空文庫へリンクを張っているサイト一覧を見ると、そのバラエティ豊かさに驚かされる。大学の図書館・研究室、各種研究所、学校、会社……、百花繚乱の個人のホームページと、その数も膨大なものになる。自由に開かれていく――それがインターネットの本来の姿なら、青空文庫はインターネットの王道を行くものなのかもしれない。

青空文庫の利用――私用のため・公共のため・商用のため

青空文庫は、さまざまな目的で利用されている。たとえば、編集者が書名や作品内容を確認するために使ったり、翻訳家が検索エンジンで用語・用例を抜き取って教本をつくったり、学校の先生が作品をプリントして授業で配ったり、作品をダウンロードして私家版アンソロジーを製本したり……、把握している利用法だけでも十指に余る。

テキストデータを利用する代表例とも言えるのは、本の音訳と朗読だろう。大久保ゆうがまとめた「音声化された青空文庫リンク集」では、Pal Macの「青空文庫サウンドブックス」(音訳)、声優・喜多川拓郎の「朗読Channel」など九つのサイトが数えられる。無料のものがほとんどだが、なかには有料にしているサイトもある。

無料の青空文庫データを、ビジネスに利用しているケースもある。大創出版は、三〇冊の「ダイソー文学シリーズ」を一〇〇円ショップのアイテムとした。フロンティアニセンは、特殊加工した〝お風呂で読む本〟にして一冊一〇五〇円で販売、これもシリーズ化されている。また、作品をCD-ROMに収めて雑誌の付録にしたり、CD-ROMだけで販売した例も少なくない。

〈青空の本〉は、誰がどのように利用してもいい。それが〔青空文庫収録ファイルの取り扱い規準」で取り決めたことであった。青空文庫に収蔵されている「著作権の切れている作品」は、入力者・校正者・ファイル作成者名等と青空文庫が出典であることを明示すれば、〈有償であるか、無償であるかを問わず、青空文庫に対価を支払ったり、了解を求めたりする必要〉は一切無用である。なお、青空文庫に収蔵されている「著作権の切れていない作品」については、青空文庫から著作者のサイトにリンクするかたちで収めることとし、〈私的使用の範囲を越える複製、再配布は、著作権者の許しがない限り、できません。〉とした。

青空文庫に集めた〈青空の本〉が、一つずつ壁を壊して、青空文庫からも自由になっていく。それは、青空文庫創設時の思いを否定するものではなく、さらに思いが広がっていった結果なのだ。

5 インターネット図書館の未来——国境を越え時を超え、人と人は出会えるか

各国の電子図書館の取り組み

マイケル・ハートがプロジェクト・グーテンベルク（http://www.gutenberg.org/）を始めたのは一九七一年。活動は継続中で、収められている電子テキストは一万六〇〇〇にも及ぶ。現在青空文庫を含め、このようなインターネット図書館は多くの国に存在する。

・アフガニスタン　http://dlib.nyu.edu/divlib/bobst/adl/
・アルメニア　http://armenianhouse.org/index-am.html
・イタリア　http://www.liberliber.it/biblioteca/
・エスペラント　http://donh.best.vwh.net/Esperanto/Literaturo/literaturo.html
・オランダ　http://www.dbnl.org/
・スウェーデン　http://runeberg.org/

・セルビア・モンテネグロ　http://www.rastko.org.yu/
・タミル語　http://www.tamil.net/projectmadurai/
・デンマーク　http://adl.dk/
・ドイツ　http://gutenberg.spiegel.de/
・ハンガリー　http://www.mek.iif.hu/
・フランス　http://abu.cnam.fr/
・ポーランド　http://www.staropolska.gimnazjum.com.pl/

例示した以外にもまだあるし、今もどこかの国で新しい図書館がオープンしているかもしれない。世界中にインターネット図書館が設置され、内容も充実していき、さらに自動翻訳ソフトが進化していけば、自国にいながら他国の作品を存分に読めることになる。

さらに考えを先へすすめれば、それぞれの国が自国の作品だけを管理するのは無意味なことだと分かるだろう。〝地球〟にただ一つ、作品管理ができるデータベースが存在すればいい。そのデータベースに、著作権保護期間のうちに自国で一定の評価の定まった作品を登録し、公開の日を待つ。そこでは、特定の国や企業や個人の権益を守ることではなく、文化を遺し、伝え、共有することが目的とされる。著作権保護期間についても、こうした長期的な展望を持ったうえで、考えるべきではないだろうか。

青空文庫と国会図書館の連携

二〇〇五年七月に公開となった国立国会図書館の「NDLデジタルアーカイブポータル」（プロトタイプ）に、青空文庫のデータが利用されることとなった。このサイトは、デジタルアーカイブに関してのポータルサイトとして国会図書館が構築を計画しているもので、たとえばキーワードに

「後世」と入力すると、青空文庫にある内村鑑三「後世への最大遺物」と芥川龍之介「後世」が検索されることとなった。

国立国会図書館はすでに、近代デジタルライブラリーとして、著作権保護期間の過ぎた明治期刊行図書の画像データベース化をすすめている。その収蔵数は、二〇〇五年八月現在、五万九九〇〇冊になる。そこに収蔵されている作品も、このポータルサイトで検索されることになる。「後世」と入力すれば、明治三〇年七月に京都の便利堂から刊行された「後世への最大遺物　夏期演説　内村鑑三述」の画像データも一緒に検索される。

出版物の版面デジタル画像、および、そのデジタルテキスト。この二つが同時に存在していて、それを誰もが利用できる環境にあることが、インターネット図書館の最終目標と言っていい。版面デジタル画像のデータベースは、国としてのプロジェクトが組まれた。一方、テキストデータは、ポータルサイトの構築計画だけに留まっていると言わざるを得ない。

両データを完備させていくには、青空文庫をも取り込んだ国のプロジェクトとしてやっていく必要があるだろう。だが、そのためには、青空文庫が経験したすべての問題について、すっきりとした解答が得られなければならないのは確かだ。著作権、ＪＩＳ漢字コード、テキストにおける表記方法。しかし、こうした問題は、専門家さえ集結すれば、その解決に多くの時間がかかるとは思えない。

エピローグ

この情報化時代において、いつの日か、誰もがインターネット図書館の重要性を認識するだろう。その日まで、青空文庫は、より大きなプロジェクトへの橋渡し役として、苦しみながら、人の手を借りながら、時には非難され、時には喜ばれ、ゆるゆると進んでいくことだろう。

インターネットは世界を変えてしまった。あらゆるところからさまざまな情報が発信され、あらゆるところで受信される。パソコンがあれば、ネットとつながるならば、その操作ができれば、誰でも受発信ができる。人間の〝知ろうとする欲望〟〝教えようとする欲望〟は留まることを知らない。青空文庫も、この欲望によって、ここまで大きくなったのではないか。その意味では他のサイトと変わりはない。でも、なぜ人びとは何の見返りもなしに青空文庫を育ててきたのか、その謎は残る。二〇〇一年一二月九日に、小林繁雄が野口英司に宛てたメール――青空文庫の専従的な立場を離れるという野口に対して送ったメールに、その謎を解く鍵があるかもしれない。

青空文庫の活動が本当に価値があるのかどうか、それは私にもわかりません。
けれど、何より楽しい。
伊能忠敬の業績は素晴らしいと思いますが、
今になってみれば、何の価値もないと云えるかもしれません。
けれど、私は、多分、伊能忠敬は地図作りが楽しかったのではないか、と思うのです。
牧野富太郎が植物採集をしたのも、南方熊楠が粘菌採集や筆写に明け暮れていたのも、
きっとそれが楽しかったからではないかと思うのです。
そして、楽しさプラス何かが、
競馬やゲームの楽しさとは少し違う何かを見いだしたのではないかと思うのです。
私は、青空文庫に、楽しさとそしてその何かがあると感じるのです。

楽しさプラス何か――それはなんだろう。伊能忠敬や牧野富太郎や南方熊楠も、その〝何か〟に

よって突き動かされていた。それは人間の欲望の一つなのかもしれない。その欲望の集積が青空文庫なのかもしれない。ただ、このことは言える。青空文庫の活動に参加する人たちには、伊能忠敬が水平線の先に見たような、牧野富太郎がフィールドワークの場とした横倉山から見たような、南方熊楠が熊野古道から仰ぎ見たような、青空が広がっているはずだ。まるで当たり前のように、そこに存在する、よく澄んだ青空が。

(野口英司、宮川典子)

青空文庫を支える人々

最終更新日　2005年09月24日

青空文庫呼びかけ人

富田倫生／浜野智（ちへいせん編集部）／八巻美恵／らんむろ・さてぃ（会計）／LUNA CAT

青空文庫工作員

junk／katokt／r.sawai／秋鹿／阿和泉拓／葵／青木直子／青木与志子／青空文庫／青空文庫編集部／青野弘美／赤木孝之／あかね／Ａｋａｍａｔｓｕ／ａｋｉ／あきざき愛心／あきとち／秋本陽子／あきら／あさいなえこ／浅葱／朝倉克彦／浅野和三郎・著作保存会／浅原庸子／渥美浩子／atom／あべかなこ／阿部順子／阿部良子／網迫／雨谷りえ／文子／綾小路毅／荒木啓至／有馬康／五十嵐寿美子／五十嵐仁／生野一路／石井健児／石井彰文／石川啓司／ishikawajun／石川城路／石川友子／石塚一郎／石塚尚志／石波峻一／石橋幸一郎／石水裕／泉井小太郎／一色伸子／井出明／伊藤祥／伊藤孝昭／伊藤時也／伊藤弘道／井上英美子／井上誉示子／今泉るり／今井忠夫／いまいやすこ／今中一時／iritamago／岩田とも子／岩本良子／磐余彦／Wind／上岡ちなみ／上田英代／植松眞人／内田明／うてな／芋野裕一／海美／UMEKI Yoshimi／浦田伴俊／浦山聖子／嬉杏奈／et.vi.of nothing／A.Morimine／awatase／H・大野／H.KoBaYaShi／HcinMann／江戸尚美／N.lida／nns／海老根勲／M.A Hasegawa／M.S／江村秀之／LM3／遠藤貴osawa／大石純子／大内章／おおかわりえ／大久保ゆう／大竹麗／大田一／大西敦子／大野晋／大野裕／岡島昭浩／小門彰／岡村和彦／岡本正貴／岡山勝美／奥西久美／奥原隆良／奥村正明／奥本潔／治／小澤真理子／落合奈穂美／oto／音野雄一朗／おのしげひこ／小野岳史／ＯＢａＫｅ／小浜真由美／小山純一／カエ／牡蠣右衛門／柿澤早苗／kaku／笠置一郎／笠原正純／梶谷知子／柏原有紀子／kazuishi／春日／片瀬しろ／Katsuno／Katsuhiko Hoshino／かとうかおり／加藤恭子／加藤史崇／加藤るみ／門田裕志／かなゐ／金川一之／金光寛峯／（株）モモ／上村みきこ／上村光治／kamille／瓶井めぐみ／佳代子／唐崎早苗／軽部広介／苅部尚子／枯葉／河上進／川上陽子／川口博子／川向直樹／川山隆／菅野朋子／菊池美範／北畠尊也／木村悦子／木村克俊／木本敦子／九尾乃雪舟斎／kyoko@r2001／京都大学電子テクスト研究会校正班／京都大学電子テクスト研究会入力班／京都大学点訳サークル／清角克由／桐田真輔／きりん／きるしぇ／久保あきら／久保格／kumi／栗田聡史／栗林元／黒須憲子／桑田康正／桑原一世／圭／K.K／幸野素子／小鍛治茂子／ここです／KOKODA／小酒井博士／gotta／古東一輝／Godot／小中千昭／小葉武史／小林克彦／小林聡美／小林繁雄／小林徹／ごまごま／米田進／衣被り／鷹田佳子／小山奈緒子／小山悠川／kompass／h.saikawa／saida sachio／斉藤省二／斉藤知子／齊藤正高／西府章／坂崎竜馬／さくらいゆみこ／さくらんぼ／紗崎／佐々木春夫／佐々木美香／佐女高2-1／sato／佐藤和人／佐藤荒野／佐藤洋之／佐藤律子／佐野暢之／佐野良二／さぶ／沢津橋正一／三州生桑／椎名美幸／j_sekikawa／j.utiyama／ジェラスガイ／師尾潤／しず／しだひろし／漆原友人／篠原陽子／篠宮康彰／篠森／柴崎あづさ／柴武志／柴田卓治／島田一郎／嶋田理博／清水哲男／下山／十五谷義三郎／jupiter／条希／蔣龍／jojoko／白川由紀子／白田秀彰／Sin／進恵子／soo／Scaffale／杉田弘晃／双沢薫／鈴木厚司／鈴木修一／鈴木志郎康／鈴木伸吾／鈴木岳志／鈴木常吉／鈴木智子／すずきともひろ／須藤／砂場清隆／諏訪邦夫／SAME SIDE／関和広／関延昌夫／瀬戸さえ子／ゼファー生／曽我部真弓／曽我祐未／sogo／染川隆俊／田浦亜矢子／高木康介／高木健／高木昌規／高寺康仁／高野敦志／高橋じゅんや／高橋真也／高橋知仁／高橋美奈子／高橋優子／高橋悠治／高橋由宜／高松理恵美／高谷渚／高柳典子／田川諭／田口彩子／たけ／武市正司／武内晴恵／竹崎貞子／武田秀男／岳野義男／田古嶋香利／田島曉雄／田島敬一／田尻幹二／田代信行／多田克也／但田貴彦・荒木敏彦／tatsuki／田中敬三／田中哲郎／田中久絵／田中久太郎／田中秀幸／田中幹雄／田中陽介／田中亨吾／田辺浩昭／w_poo／たまどん。／霊鷲類子／多村栄輝／田村隆／多羅尾伴内／弾射音／ちさ／地田尚／千葉まゆみ／ちはる／Cyobirin／ちょも／東原和多志／土倉 明彦／土田一柄／土屋隆／tucca／津野海太郎／tsuru／鶴岡雄二／Tちゃん／手嶋善成／寺澤昌子／田 一木／電子ＪＵの会／徳永真一／とみ～ばあ／tomo／Ｔｏｍｏｋｏ．Ｉ／内藤有香／長尾高弘／中嶋壮一／長住由生／仲晃生／中村紗貴子／中村隆生／中村友人／名倉良馬／夏海／Nana ohbe／南野輝／難波 都／西川光男／西田／２０面相／二宮知美／new_wind／丹羽倫子／能美武功／野口英司／乃々木候／のぶ／野村裕介／noriko saito／萩野正昭／羽倉加枝／橋本充広／長谷川集平／長谷悟／畑仲哲雄／『鳩よ！』編集部／はな／花田生治／花田泰治郎／花音／花菱蓮／はまなかひとし／浜野安紀子／浜野サトル／バムセ／林孝司／はやしだかずこ／林田清明／林智史／林めぐみ／林裕司／林幸雄／早津順子／早見秋／原田頌子／番 裕子／氷魚／ぴかしょ・おばら／higuma／日隈美代子／久森謙二／翡翠／Hitoshi Nagano／平田剛士／平野彩子／平松大樹／平間真美／平山誠／Hiroshi_O／広島に文学館を！　市民の会／広橋はやみ／華猫／深町丈たろう／深水英一郎／深谷由布／福岡茂雄／福田直子／福田真紀子／福田芽久美／福地博文／藤下真潮／藤田禎宏／藤真新一／藤本篤子／藤原隆行／文咲苺子／冬佳彰／ブラン／古川明広／ふるかわゆか／古川順弘／古村充／ふろっぎぃ／ペガサス／紅邪鬼／辺見正和／穂井田卓志／星夕子／細川みづ穂／細渕紀子／細渕真弓／細見祐司／本間良太／hongming／舞／マイマイマイ／Mr.fuji／前野さん／真先芳秋／増田治久／増元弘信／増山一光／町野修三／松下哲也／まつだのりこ／松永正敏／松陽／馬野哲一／MAMI／まや／mayu／まるま／丸山秀太郎／三浦美穂子／三木睦明／水口充／皆森もなみ／mineko／峯村綱之／miya／miyako／宮崎達郎／宮崎直彦／宮田大士／みやま／宮元淳一／宮脇叔恵／向井樹里／睦月／陸野義弘／村上和隆／村上聡／群竹／村田拓哉／めいこ／毛利のぞみ／持田あけの／素樹文生／本木まゆみ／本山智子／森下祐行／杜十朗／森田亮／森野光／もりみつじゅんじ／森村幸保／森本香代／もんむー／八木正三／矢口真実子／矢瀧開登／柳澤敦子／柳沢成雄／柳田節／柳田典志／柳原わたる／柳吹かおり／矢野正人／山形浩生／山形幸彦／山口真直／山口美佐／山崎雅人／山下敦子／山下裕嗣／山田剛／山田豊／山田芳美／山根生也／山根鋭二／山本奈津恵／山本洋／山本真友子／山本光夫／山本ゆうじ／山本洋一／ゆいみ／ゆうき／結城浩／ゆうこ／ゆかこ／Juki／ゆきこ／雪華／湯地光弘／酔尻焼猿人／横尾、近藤／横木雅子／吉沢梢／吉沢茂／吉田亜津美／吉田勝敏／よしだとしひこ／よしだひとみ／吉本彩子／らぴす／ryoko masuda／隣人館／LINDEN／ロクス・ソルス／Y.N.／和井府清十郎／渡邉つよし／渡辺宏／渡辺洋／渡辺弥一郎／渡部峰子／割子田数哉／

青空文庫は、以上５７０人の人々に支えられています。

2章

青空の本をつくる人びと

青空文庫収録作品と工作員の紹介

余が言文一致の由來

二葉亭四迷

言文一致に就いての意見、と、そんな大した研究はまだしてないから、寧ろ一つ懺悔話をしよう。それは、自分が初めて言文一致を書いた由來――も凄まじいが、つまり、文章が書けないから始まつたといふ一伍一什《いちぶしじふ》の顚末さ。

もう何年ばかりになるか知らん、餘程前のことだ。何か一つ書いて見たいとは思つたが、元來の文章下手で皆目方角が分らぬ。そこで、坪内先生の許へ行つて、何うしたらよからうかと話して見ると、君は圓朝の落語を知つてゐよう、あの圓朝の落語通りに書いて見たら何うかといふ。

で、仰せの儘にやつて見た。所が自分は東京者であるからいふ迄もなく東京辯だ。卽ち東京辯の作物が一つ出來た譯だ。早速、先生の許へ持つて行くと、篤と目を通して居られたが、忽ち礚《はた》と膝を打つて、これでいゝ、その儘でいゝ、生じつか直したりなんぞせぬ方がいゝ、とかう仰有《おつしや》る。

自分は少し氣味が惡かつたが、いゝと云ふのを怒る譯にも行かず、と云ふものゝ、內心少しは嬉しくもあつたさ。それは兎に角、圓朝ばりであるから無論言文一致體にはなつてゐるが、茲にまだ問題がある。それは「私が……で厶います」調にしたものか、それとも、「俺はいやだ」調で行つたものかと云ふことだ。坪内先生は敬語のない方がいゝと云ふお說である。自分は不服の點もないではなかつたが、直して貰はうとまで思つてゐる先生の仰有る事ではあり、先づ兎も角もと、敬語なしでやつて見た。これが自分の言文一致を書き初めた抑もである。

暫くすると、山田美妙君の言文一致が發表された。見ると、「私は……です」の敬語調で、自分とは別派である。卽ち自分は「だ」主義、山田君は「です」主義だ。後で聞いて見ると、山田君は始め敬語なしの「だ」調を試みて見たが、どうも旨く行かぬと云ふので「です」調に定めたといふ。自分は始め、「です」調でやらうかと思つて、遂に「だ」調にした。卽ち行き方が全然反對であつたのだ。

けれども、自分には元來文章の素養がないから、動もすれば俗になる、突拍子もねえことを云やあがる的になる。坪内先生は、も少し上品にしなくちやいけぬといふ。德富さんは（其の頃『國民之友』に書いたことがあつたから）文章にした方がよいと云ふけれども、自分は兩先輩の説に不服であつた、と云ふのは、自分の規則が、國民語の資格を得てゐない漢語は使はない、例へば、行儀作法といふ語は、もとは漢語であつたらうが、今は日本語だ、これはいゝ。併し擧止閑雅といふ語は、まだ日本語の洗禮を受けてゐないから、これはいけない。磊落といふ語も、さつぱりしたといふ意味ならば、日本語だが、石が轉つてゐるといふ意味ならば日本語ではない。日本語にならぬ漢語は、すべて使はないといふのが自分の規則であつた。日本語でも、侍る的のものは已に一生涯の役目を終つたものであるから使はない。どこまでも今の言葉を使つて、自然の發達に任せ、やがて花の咲き、實の結ぶのを待つとする。支那文や和文を強ひてこね合せようとするのは無駄である、人間の私意でどうなるもんかといふ考であつたから、さあ馬鹿な苦しみをやつた。

成語、熟語、凡て取らない。僅に參考にしたものは、式亭三馬の作中にある所謂深川言葉といふ奴だ。「べらぼうめ、南瓜畑に落こちた凧ぢやあるめえし、乙うひつからんだことを云ひなさんな」とか、「井戸の釣瓶ぢやあるめえし、上げたり下げたりして貰ふめえぜえ」とか、「紙幟《のぼり》の鍾馗といふもめツけへした中揚底で折がわりい」とか、乃至は「腹は北山しぐれ」の、「何で有馬の人形筆」のといつた類で、いかにも下品であるが、併しポエチカルだ。俗語の精神は茲に存するのだ

工作員ファイル①

「余が言文一致の由来」のテキストを提供した岡島昭浩さんに聞く

デジタル化と共有

二葉亭四迷（ふたばてい　しめい・一八六四～一九〇九年）**の「余が言文一致の由来」**（よがげんぶんいっちのゆらい）**について**——なぜ口語体（東京弁）で「浮雲」を書いたかを記す論考。
青空文庫では、その「浮雲」がまだ公開されていない。

「日本文学等テキストファイル」サイトの役目

　青空文庫開設のきっかけをつくったのが、当時福井大学教育学部国語科助教授であった岡島昭浩さんのサイト「日本文学等テキストファイル」だった。

　一九九七年二月、すでに岡島さんのサイトには古典から近代文学までの多彩な作品が数多く並び、電子図書館を充分にイメージできるものになっていた。作品名の後ろには、テキストを公開している他大学の研究者などの名前が記され、そこへリンクが張ってあった。岡島さん自身も、このサイトの中に自分が入力した作品をいくつか公開していた。

「最初、私は、パソコン通信〝PC-VAN〟のシグの一つ〝オリエント〟に出入りしていたのです。そこには東洋学、国文学に興味のある人たちが集まって来ていて、早くから文学作品などをテキストファイル化している人たちがいました。コンピュータで表示できる文字、つまりJIS第一・第二水準の文字のみによる表記という縛りはありましたが、JIS外字の表示法については厳密に考えずに、まずは流通させることを目的として、そ

日本文学等テキストファイル
http://www.let.osaka-u.ac.jp/~okajima/bungaku.htm

シグ(Special Interest Group : S-G)
パソコン通信「PC-VAN」における、特定のテーマに関心のある人たちが集まって意見や情報を交換するグループのこと。パソコン通信「ニフティ（Nifty）」の場合は「フォーラム」と呼ばれた。

のシグで公開していました。文学研究の場合、典拠や用例を探すのにコンピュータの検索機能がとても有効で、そのためにもテキストファイル化が必要だったのです」

インターネットの普及に伴って、そのようなテキストファイルはパソコン通信の世界からインターネットの世界へとその住処を移していく。

「当時のパソコン通信に公開されていた作品をはじめ、『X68000電脳倶楽部』に収録されていたテキストファイルも、研究者の手が加えられてインターネット上に公開されていきました。そして、新たに研究者自身が入力したファイルも公開されはじめる。そうした点在するサイトを繋げる役目が、私のサイトのリンク集だったのです」

電脳倶楽部
シャープのコンピュータX68000向けに、満開製作所が一九八八年から二〇〇〇年まで発行していたフロッピーディスクマガジン。創刊編集長である祝一平は一九九九年に病没。収録されていたテキストファイルは、青空文庫でも利用した。

底本をぼかして公開

青空文庫からのテキスト使用許可の要請に対して、岡島さんはすぐさまOKの返事を送ることになる。動き出したばかりのプロジェクトにもかかわらず、即答だった。

「自分の入力したファイルの扱いは、私の属していた情報処理語学文学研究会がGNUのコピーレフトの考えに基づいたファイル公開を行なっていたので、それに合わせました。それに基づくのなら、どんな人が使っても構わないということだったのです」

コピーレフト（copyleft）の考えとは、著作権（copyright）に対する考え方で、当初は、コンピュータのソフトウェアに関するライセンス要件として考えられた。公開されたソフトウェアは、それを受け取ったすべての者に対して、利用・再配布・改変する自由を認めるというものだ。ただし、受け取った者も、同じ自由を保証しなければならない。その後、コンピュータのソフトウェアだけでなく、他の著作物にも用いられるようになった。

ただ、やはり気になるのは著作権のことだ。保護期間が過ぎている著作物だとしても、

GNU（グヌー／グニュー）
リチャード・ストールマンがフリーソフトウェアの普及を目的として創設したフリーソフトウェア財団（Free Software Foundation：FSF）のすすめている、UNIX互換ソフトウェア群の開発プロジェクトの総称。
http://www.gnu.org/home.ja.html

現在も書店に並んでいるような本から入力して、ネット上に公開していいものだろうか。

「法律上問題ないとはいえ、書店で売られているような本を使って入力して、それをそのまま公開することは気が引けました。だから、当初の入力には入手しやすい本を使っても、それを昔の版で校正して、入力に使った底本がどの版なのかをぼかすようにしたものもあります。青空文庫は、そこを割り切ってしまっている。発売中であろうとなかろうと、底本を明示した。思い切ったことをやるなあ、と思いました」

校訂者の権利と既得権益

現在の著作権法では、出版社（編集者）の権利は明確にされていない。たとえば、出版の過程での誤字や旧字や仮名遣いを改めるといった作業は創作活動にあたらず、著作権に該当するものではないと判断することができる。一方、同じように権利が明確にされているわけではない校訂者の作業は、きわめて知的レベルの高い作業にあたると判断することが可能で、著作権に該当するものと考えることができる。青空文庫では、実際に校訂者の権利に関する問題に直面した経緯から、このような結論に達している。

「最近、校訂者を明記する本が多くなってきました。もしかするとこれは、青空文庫の影響かもしれませんね。校訂者の権利が主張されれば、死後五〇年たった作家の著作物でも、校訂されている本を使って入力したテキストを青空文庫で公開できなくなります」

青空文庫の活動が、本の売り上げを大きく奪うとは考えにくいが、出版社が青空文庫を脅威として感じるのも無理ないだろう。しかし、権利表記とはいったい誰のためにあるのだろう。本当に、創作者のためにあるのだろうか。

「今までは、校訂という作業の範囲を出版社側で曖昧にしてきたのではないかと思います。

校訂者の権利
四七ページ参照。青空文庫〔直面した課題〕に詳しい。

校訂をしていながら、解説を書いただけの表示で、その作業に見合った見返りがなされていない場合がある。だから、校訂者を明確にすることは良いことですね」

インターネットの時代になって、コピーや配布が簡単なことから、著作権を巡って今まで考えられなかったことが起きている。そのなかで既得権益のある者たちは、何とかそれを守ろうと必死になる。創作者の権利が、そのために利用されている気がしてならない。

後世に多くの情報を伝えたい

「私は今、『うわづら文庫』という新しいサイトを立ち上げました。青空文庫がテキストを公開しているのに対し、出版物の版面画像をスキャニングしPDF化して公開していこうと考えています。ただ、版権のことも考えて、著者の死後五〇年だけではなく、刊行後五〇年を経過した出版物を対象にしています。国会図書館の『近代デジタルライブラリー』と同じ趣旨ですが、自分の所有しているものをできる範囲で公開していきたいです」

現在、大阪大学大学院文学研究科国文学・東洋文学講座の助教授である岡島さんは、同大学のホームページの教職員紹介コーナーで、学生に向けて次のメッセージを送っている。

〈過去から現代まで伝わって来たものを、我々は後世に伝えて行けるだろうかと不安になることがある。見出した資料が複写されることもなく天下の孤本として存在しているのを見たり、長く閲覧する人の居なかった書物であれば他所にあろうとなかろうと棄ててよいという意見を聞いたりする時である。文学研究に志す人も、よいものだけ伝えればよいと思うのではなく、多くの情報を伝えるよう考えて欲しい。〉

青空文庫スタートのきっかけを与えてくれた岡島さん。後世により多くの情報を伝えたいという願いは、青空文庫の願いでもある。

（大阪大学大学院岡島研究室にて　野口英司）

うわづら文庫
http://www.let.osaka-u.ac.jp/˜okajima/uwazura.html

スキャニング(scanning)
写真などを、画像入力装置を使ってデジタルデータにすること。

PDF(Portable Document Format)
米国アドビシステムズ社の開発した電子出版フォーマット。コンピュータ環境が変わっても、オリジナルが持つレイアウト情報を正確に表示することができる。ウェブ上でドキュメントを公開する際のデータ形式として広く利用されている。

国会図書館
「電子図書館の蔵書」。
http://www.ndl.go.jp/jp/data/endl.html

機械

横光利一

初めの間は私は私の家の主人が狂人ではないのかとときどき思った。観察しているとまだ三つにもならない彼の子供が彼をいやがるからといって親父をいやがる法があるかといって怒っている。畳の上をよちよち歩いているその子供がばったり倒れるといきなり自分の細君を殴りつけながらお前が番をしていて子供を倒すということがあるかという。見ているとまるで喜劇だが本人がそれで正気だから反対にこれは狂人ではないのかと思うのだ。少し子供が泣きやむともう直ぐ子供を抱きかかえて部屋の中を馳け廻っている四十男。この主人はそんなに子供のことばかりにかけてそうかというとそうではなく、凡そ何事にでもそれほどな無邪気さを持っているので自然に細君がこの家の中心になって来ているのだ。家の中の運転が細君を中心にして来ると細君系の人々がそれだけののびのびとなって来るのももっともなことなのだ。従ってどちらかというと主人の方に関係のある私はこの家の仕事のうちで一番人のいやがることばかりを引き受けねばならぬ結果になっていく。いやな仕事、それは全くいやな仕事でしかもそのいやな部分を誰か一人がいつもしていなければ家全体の生活が廻らぬという中心的な部分に私がいるので実は家の中心が細君にはなく私にあるのだがそんなことをいったっていやな仕事をする奴は使い道のない奴だからこそだとばかり思っている人間の集りだから黙っているより仕方がないと思っていた。全く使い道のない人間というものは誰にも出来かねる箇所だけに不思議に使い道のあるもので、このネームプレート製造所でもいろいろな薬品を使用せねばならぬ仕事の中で私の仕事だけは特に劇薬ばかりで満ちていて、わざわざ使い道のない人間を落し込む穴のように出来上っているのである。この穴へ落ち込むと金属を腐蝕させる塩化鉄で衣類や皮膚がだんだん役に立たなくなり、臭素の刺戟で咽喉を破壊し夜の睡眠がとれなくなるばかりではなく頭脳の組織が変化して来て視力さえも薄れて来る。こんな危険な穴の中へは有用な人間が落ち込む筈がないのであるが、この家の主人も若いときに人の出来ないこの仕事を覚え込んだのも恐らく私のように使い道のない人間だったからにちがいないのだ。しかし、私とてもいつまでもここで片輪になるために愚図ついていたのでは勿論ない。実は私は九州の造船所から出て来たのだがふと途中の汽車の中で一人の婦人に逢ったのがこの生活の初めなのだ。婦人はもう五十歳あまりになっていて主人に死なれ家もなければ子供もないので東京の親戚の所で暫く厄介になってから下宿屋でも初めるのだという。それなら私も職でも見つかればあなたの下宿へ厄介になりたいと冗談のつもりでいうと、それでは自分のこれから行く親戚へ自分といってそこの仕事を手伝わないかとすすめてくれた。私もまだどこへ勤めるあてとてもないときだしひとつはその婦人の上品な言葉や姿を信用する気になってそのままふらりと婦人と一緒にここの仕事場へ流れ込んで来たのである。すると、ここの仕事は初めは見た目は楽だがだんだん薬品が労働力を根柢から奪っていくということに気がついた。それで明日は出よう今日は出ようと思っているうちにふと今迄辛抱したからにはそれではひとつここの仕事の急所を全部覚え込んでからにしようという気にもなって来て自分で危険な仕事の部分に近づくことに興味を持とうとつとめ出した。ところが私と一緒に働いているここの職人の軽部は私がこの家の仕事の秘密を盗みに這入《はい》って来たどこかの間者だと思い込んだのだ。彼は主人の細君の実家の隣家から来ている男なので何事にでも自由がきくだけにそれだけ主家が第一で、よくある忠実な下僕になりすましてみることが道楽なのだ。彼は私が棚の毒薬を手に取って眺めているともう眼を光らせて私を見詰めている。私が暗室の前をうろついているともう

「機械」を校正したかとうかおりさんに聞く

〟軽く〟参加して…

横光利一（よこみつ　りいち・一八九八〜一九四七年）の機械（きかい）について

――「新感覚派」代表作家による短編小説。この作品以降、映画的・前衛的手法から心理的手法重視へと作風が変わっていく。

マッキントッシュを購入して

かとうかおりさんがマッキントッシュを購入したのは、一九九七年の夏の終わりのことで、ちょうど青空文庫開設の時期と重なる。自分のパソコンを持った嬉しさから、これで何かをやってやろうと、かとうさんは期待に胸を膨らませていた。時を同じくして、これから電子図書館を構築していこうと、こころ弾ませていたグループがいたことになる。時期は少し後になるが、J.utiyamaさんが芥川龍之介の作品を大量に入力して青空文庫に送ってくる。

青空文庫というプロジェクトの誕生に、インターネットの普及とパソコンの個人ユーザーの増加が重なる。そうした土壌の上にいろいろな人たちの気持ちがうまくシンクロして、青空文庫の発展に弾みがついていった。

応募のメールで誤植を指摘

マッキントッシュ（Macintosh）
略称マック。米国アップル社が一九八四年から製造・販売を始めたパーソナルコンピュータ・シリーズ。そのユーザー・インターフェースが使いやすく、さらにカラー化したMacintoshII のグラフィック機能が高い評価を受け、出版・デザイン・イラスト等の業界を中心に普及した。

応募のメール
当時は世話人が個々に対応していたが、二〇〇三年八月以降はシステム化されている（七四ページ参照）。

九七年一二月五日、かとうさんは青空文庫の工作員募集に対して、応募のメールを送った。入力・校正ボランティア――青空文庫ではそれを工作員、現在では耕作員、開拓員などと呼ぶ人もいる――に向けた〔青空文庫工作員マニュアル　バージョン0.9〕を公開したのは一二月四日のこと。それを見てすぐさまメールを送ったことになる。

「青空文庫のことは、たぶん津野海太郎さんが書かれた本で知っていたんだと思います。それでアクセスしてみて、掲示板〔みずたまり〕に書き込んだりもしていました」

津野海太郎が青空文庫を紹介したのは、同年一二月以前のことならば、おそらく一一月二四日の読売新聞紙上においてである。その後、九八年の四月に発行された『新・本とつきあう法』のあとがきでも青空文庫を紹介している。

「別に、日本文学にとりわけ興味があったわけではありません。青空文庫にミニコミ的な雰囲気を感じて、そこに自分も参加できればいいかなと軽く思っただけなんです」

写植の会社で入力と校正のアルバイトをしていたかとうさんは、早速マニュアルに誤植を発見し、応募の意向を伝えるメールの中で、その誤植を指摘している。

昔も今も入力を希望する人が圧倒的に多いのだが、なぜ校正だったのだろう。

「良くも悪くも文学に思い入れがないので、自分の好きな作品を入力したいという気持ちがまったくなくて、仕事の延長線上である校正のほうを単純に選んだんだと思います。ただ、ＯＣＲの誤入力を見つけるのは大変でした。特にひらがなの〝へ〟とカタカナの〝ヘ〟の間違いは気がつかなくて」

その校正のしかたは、プリントアウトした紙に赤字を入れていく通常の方法は取らなかったという。最初は「エキスパンドブック・ツールキット」に流し込んで、九八年夏以降は「T-Time」を使って、パソコンのモニタ上で校正するという方法を取ってきた。今

津野海太郎
一九三八年東京都生まれ。和光大学表現学部教授。二〇〇五年夏号で終刊した『季刊　本とコンピュータ』の総合編集長。同誌は、九七年夏号が創刊号。同年秋号で青空文庫が紹介される（電子公共図書館「青空文庫」が飛んだ）。九七年一一月二四日付読売新聞「マルチ読書」紙面「私のお気に入り」では青空文庫の誕生を記した。著書『徹底活用「オンライン読書」の挑戦』（晶文社、二〇〇〇年）では「日本初の本格的インターネット公共図書館」と紹介している。

ＯＣＲ(Optical Character Reader)
光学式文字読み取り装置。または、スキャナを使用したソフトウェア。文字を読み取って電子テキスト化する。形から読み取るため、〝夕〟と〝タ〟、縦書きの〝一一〟と〝二〟など、人の眼を通した入力では起こりにくい誤植が発生しやすい。

エキスパンドブック・ツールキット
T-Time
ともにボイジャーが発売するソフトウェア。
http://www.voyager.co.jp/

ではマッキントッシュのOsakaというフォントで12ポイントの大きさもあれば、〝へ〟と〝ヘ〟の区別は簡単につくそうだ。はじめのころは、こうしたOCRの誤入力パターンがしっかり摑めず、通常の入力では発生しにくい誤入力を見逃してしまったらしい。

自分にとって面白いことだから

「私が参加していたころは、まだまだ青空文庫も発展途上で、気軽に工作員になれたような気がします。当時から比べると、青空文庫そのものが大きくなってしまって、工作員マニュアルもすごく難しくなっていますよね。今からなら、果たして私も応募するかどうか……」

時を経て、関わる工作員の数が増えていけば、その作業過程で指摘される問題点も多岐に渡り、その一つ一つに青空文庫としての統一見解を示さなければならず、おのずと決めごとも複雑化せざるをえない。かとうさんが感じたミニコミ的雰囲気も失われているのかもしれない。

「青空文庫に関わったのは、青空文庫の活動に共鳴したとかではなく、それも少しはあったのかもしれませんが、どちらかというと自分のために参加しただけです。ただ単純に自分のパソコンを使って、自分にとって面白いと思えることをやったまでなんです」

青空文庫への関わり方は人それぞれだ。「青空文庫の提案」に触発され、その理念に賛同するという、ともすれば〝重く〟なりがちな関わり方と、ただやってみたいから、単純に面白そうだから、という〝軽さ〟の共存こそが青空文庫の礎となっている。

かとうさんは、現在では青空文庫の校正作業にはあまり食指が動かないらしいが、またある日、気持ちが青空文庫に〝軽く〟なびいて、再び手伝いに来てくれるのではないかと思う。そのような〝軽さ〟が今の青空文庫には必要な気がする。

（吉祥寺「SOMETIME」にて　野口英司）

かとうさんから届いたメール

Subject:　青空文庫工作員募集について
Date:　97.12.5　0:20 AM
From:　XXXXX@XXX.XXXXX.or.jp
To:　青空文庫 , aozora@voyager.co.jp

青空文庫の掲示板に何度か書き込みをさせていただいている
かとうかおりと申します。
「青空文庫工作員マニュアル」を拝見して、非力ながら
私も何かお手伝いがしたくて、このメールをお送りしました。

入力要員と校正要員とに分けて募集なさっているんですよね？
両方とも興味はあるのですが、できれば校正作業のほうで
お手伝いできないでしょうか。
「校正には絶対の自信がある！」とは決して言えませんが、
写植の会社で入力と版下の校正をしたことがありますので、
ワープロ入力されたテキストの誤植傾向は一応把握しているつもりです。

蛇足ですが、「工作員マニュアル」にさっそく（？）誤植を発見して
しまったので、一応お知らせします。
重箱の隅をつつくようなことですみません。
「1　青空文庫が求めている作品」の一番最後の段落です。

　たとえ絶版になっていて手に入りにくいといった事情があったと
　しても、権利が存続していて、公開に対する著作権者の同意がえら
　らていない作品は、収録できません。
　・
「ら」を「れ」にカエ

お役に立てそうなことがありましたら、お手すきのときにでも
どうぞご連絡ください。よろしくお願いいたします。

青空文庫工作員になる流れ

入力編

「工作員を志願される皆さんへ」を読み、「青空文庫収録ファイルの取り扱い規準」および「青空文庫へのリンク規準」を「受け入れられる」と判断し、ファイルの作り方にも納得がいけば、reception@aozora.gr.jp へ「同意」のメールを送る。

「入力受付システム」へ作品名、作家名、底本名や入力者のメールアドレスなどを入力する。

reception@aozora.gr.jp から「入力受付完了のお知らせ」のメールが届く。

reception@aozora.gr.jp から「入力のお願い」のメールが届く。

入力開始。

入力が完了次第、reception@aozora.gr.jp へファイルを送付する。

青空文庫の受付担当者からファイル受け取り確認のメールが届く。

入力ファイルは、青空文庫の点検部屋でチェックされ、もし問題点があれば青空文庫の担当からメールでフィードバックされる。

入力受付システム

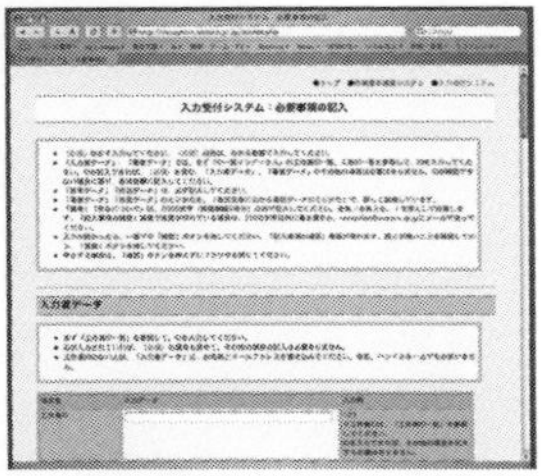

入力のお願いのメール

From: 青空文庫 <reception@aozora.gr.jp>
Date: Wed, 7 Jan 2004 00:05:19 +0900
To: ●● @ ●●● . ●●● .jp
Cc: reception@aozora.gr.jp
Subject:「国文学の発生 (第三稿)」入力のお願い
Reply-To: 青空文庫 <reception@aozora.gr.jp>

●●●● 様

青空文庫は、以下の内容で入力申し入れのあった作品を、入力していただけることを確認しました。

■申し入れの内容

――――――――――――
入力者名 : ●●●●
工作員 ID: ●
――――――――――――
作品名　: 国文学の発生 (第三稿)
仮名遣い種別 : 旧字旧仮名
著者名　: 折口 信夫
底本　:「折口信夫全集 第一巻」中央公論社
入力に使用する版 :1965(昭和 40) 年 11 月 20 日新訂版発行
――――――――――――

・入力作業に、着手してください。

・「●●●●」さんがこの作品の入力に着手したことは、「総合インデックス」の「作業中の作品」(「作家別」「作品別」の双方) に、明日以降、記載されます。
http://www.aozora.gr.jp/index_pages/index_top.html
・申し入れの内容や「総合インデックス」の記載内容に誤りがあった場合、入

校正編

「工作員を志願される皆さんへ」を読み、「青空文庫収録ファイルの取り扱い規準」および「青空文庫へのリンク規準」を「受け入れられる」と判断し、ファイルの作り方にも納得がいけば、reception@aozora.gr.jp へ「同意」のメールを送る。

「校正受付システム」を使って、作家名から希望の作品を選ぶ。

reception@aozora.gr.jp から「校正受付完了のお知らせ」のメールが届く。

reception@aozora.gr.jp から「校正のお願い」のメールと一緒に希望した作品のテキストファイルが添付されてくる。

校正開始。

校正が完了次第、reception@aozora.gr.jp へ修正ファイル、および校正履歴ファイルを送付する。

青空文庫の受付担当者からファイル受け取り確認のメールが届く。

校正ファイルは、青空文庫の点検部屋でチェックされ、もし問題点があれば青空文庫の担当からメールでフィードバックされる。

校正受付システム

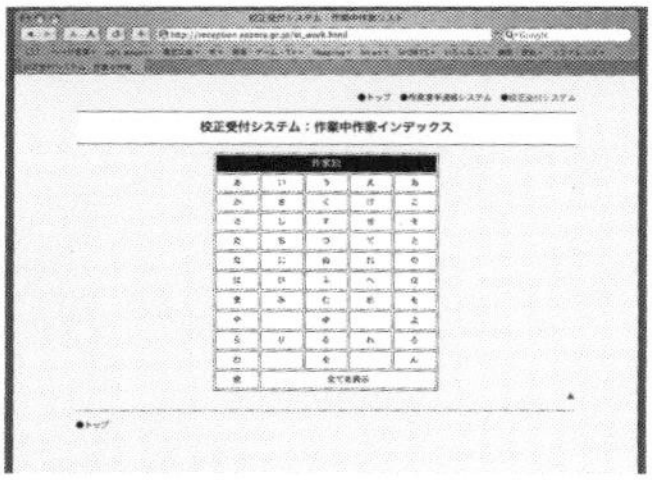

校正のお願いのメール

From: 青空文庫 <reception@aozora.gr.jp>
Date: Sun, 21 Aug 2005 13:38:47 +0900
To: ●● @ ●●● . ●●● .ne.jp
Cc: reception@aozora.gr.jp
Subject:「東京八景」校正のお願い
Reply-To: reception@aozora.gr.jp

●●●● 様

青空文庫は、以下の内容で校正申し入れのあった作品を、校正していただくための準備を終えました。

■申し入れの内容

――――――――――
校正者名 : ●●●●
工作員 ID: ●
――――――――――
作品名　 : 東京八景
仮名遣い種別 : 新字新仮名
著者名　 : 太宰 治
底本　　 :「走れメロス」新潮文庫、新潮社
入力に使用した版 :1986(昭和 61) 年 9 月 25 日 43 刷
校正に使用する版 :1989(平成元) 年 6 月 10 日第 50 刷
――――――――――

・このメールに、校正用ファイルを添付してお送りします。
・校正作業に、着手してください。

・「●●●● 」さんがこの作品の校正に着手したことは、「総合インデックス」の「作業の作品」(「作家別」「作品別」の双方) に、明日以降、記載されます。

藍色の蟇

大手拓次

藍色の蟇

森の宝庫の寝間《ねま》に
藍色の蟇は黄色い息をはいて
陰湿の暗い暖炉のなかにひとつの絵模様をかく。
太陽の隠し子のやうにひよわの少年は
美しい葡萄のやうな眼をもつて、
行くよ、行くよ、いさましげに、
空想の猟人《かりうど》はやはらかいカンガルウの編靴《あみぐつ》に。

陶器の鴉

陶器製のあをい鴉《からす》、
なめらかな母韻をつつんでおそひくるあをがらす、
うまれたままの暖かさでお前はよろよろする。
嘴《くちばし》の大きい、眼のおほきい、わるだくみのありさうな青鴉《あをがらす》、
この日和のしづかさを食べろ。

しなびた船

海がある、
お前の手のひらの海がある。
苺《いちご》の実の汁を吸ひながら、
わたしはよろける。
わたしはお前の手のなかへ捲きこまれる。
逼塞《ひつそく》した息はお腹《なか》の上へ墓標《はかじるし》をたてようとする。
灰色の謀叛よ、お前の魂を火皿《ほざら》の心《しん》にささげて、
清浄に、安らかに伝道のために死なうではないか。

工作員ファイル③

「藍色の蟇」を校正した丹羽倫子さんに聞く

ネットで社会参加

大手拓次(おおて　たくじ・一八八七〜一九三四年)の藍色の蟇(あいいろのひき)について
——朔太郎・犀星とともに白秋門下三羽烏と称された拓次の死後編まれた処女詩集。知名度は低いが熱心なファンが多い。青空文庫では「蛇の花嫁」も公開中。

丹羽倫子さんは、青空文庫開設初期の工作員。『青空文庫へようこそ』でも工作員として一文を寄せている。現在では作業から離れてしまっているが、近況をうかがった。

Q　青空文庫の作業から遠退いてしまったのはなぜでしょうか。

教材添削の仕事、趣味の投稿、ＰＴＡ役員では広報委員、青空文庫のボランティア、ネット検索……と、生活が〝読み・書き〟の連続になっていました。どれも好きなんですけれど、ちょっと疲れてきたので青空文庫はお休みすることにしました。特に目が心配なので、仕事の合間にはデジカメ撮影を楽しむことにして、景色や自然を見るよう心がけ、投稿も写真八に文章二くらいの割合にしています。今ハマっているのは、デジカメ撮影やブログ。ブログは、まだまだ初心者なんですけれど……。

Q　青空文庫へ参加することになったきっかけを教えてください。

一九九七年一一月号の『日経ＰＣ21』の記事が発端です。そこでボイジャーを知ってホームページにアクセス、さらに青空文庫の活動を知り、工作員に応募しました。

『青空文庫へようこそ——インターネット公共図書館の試み』
ＨＯＮＣＯ双書、青空文庫編、一九九九年一一月トランスアート刊。「第二部　青空の本の作り方」で工作員を紹介。丹羽さんのほか、紀子・真弓さん、大野晋さん、伊藤時也さん、渥美浩子さん、tatsuki さんらがそれぞれ青空文庫参加について語っている。

ブログ(blog)
Weblog の略。個人がネット上に公開する日記のこと。当初は、話題となっているインターネット上のニュースに対して、独自の批評や感想を加えた個人情報のことを指していたが、今ではただ単に日記のこともブログと呼ぶ。ホームページ作成の知識がなくても、簡単にネットへ公開できるサービスが増えている。

その当時は、ちょうど専業主婦からの社会復帰を考えていた時期でした。校正の通信教育を受けていた、育児についての投稿を趣味にしていた、教育教材の添削の仕事をしていた——という流れから、九五年のＷＩＮＤＯＷＳブームで家庭にパソコン通信・インターネットが入ってきたことと相まって、校正の技術を生かしてもっと社会との繋がりを持ちたいと思っていました。

出版関係の勤め先を探すのは、ちょっと敷居が高すぎた私ですが、青空文庫では気軽に参加してくださいとの言葉をかけていただいて、私にもなんとかできそうに思えました。不慣れな私のために、負担の少ない詩の校正を用意してくださったり、「遅れは気にしなくていいですよ」と言ってくださったお陰で、自分のペースで作業をすすめることができました。

Q　「文学館あちらこちら」での取材レポートはいかがでしたか。

始めた動機は、いま住んでいるところに前橋文学館があるのに、知らんぷりはできなかったから（笑）。子どもたちは、学校で地元出身の文学者について学ぶ機会があり、群馬にもたくさんの著名人がいることを知っていました。私の方はといえばあまりにも知らなさ過ぎ……恥ずかしいので、これを機会に勉強しておくつもりで出かけました。

実際に取材してみると、作品を知るだけではなく、作家の人となりや時代背景までが垣間見えてとても面白かったのです。また、ホームページをつくったことがなかった私にとっては、自分の書いた写真や文章が記事のような形に体裁が整えられ、ネットに載ることも嬉しかった。単に個人的な趣味で施設見学にいく場合とは違う醍醐味を味わえました。それが全部で六つの文学館巡りになったわけです。こんな経験が今の私の投稿生活やブログづくりに生かされているように思います。

（メールにて）

九五年のＷＩＮＤＯＷＳブーム
米国マイクロソフト社が開発したパソコンのＯＳ（基本ソフト）である「ウィンドウズ（Windows）95」が、一九九五年に発売されるや、それまでのものよりも使い勝手が格段に向上していたために、爆発的な売れ行きで一大ブームとなる。現在では、そのシリーズの「ウィンドウズＸＰ」がパソコンＯＳの主流となっている。

文学館あちらこちら
青空文庫・別館の［読書新聞：ちへいせん］に設けられたコーナー。レポーターが実際に各地の文学館を訪ね、文と写真を寄せる。

嘘をつく日

水野仙子

患者としてはこの病院内で一番の古顔となつたかはりに、私は思の外《ほか》だんだん快《よ》くなつて行つた。もう春も近づいた。青い澄んだ空は、それをまじまじと眺めてゐる私に眩《まぶ》しさを教へる。さうしてついとその窓を掠《かす》めて行く何鳥かの羽裏がちらりと光る。私はむくむくと床をぬけ出して、そのぢぢむさい姿を日向《ひなた》に曝《さら》し、人並に、否病めるが故に更により多くの日光を浴びようと端近くにじり出る。或は又新しい心のあぢはひを捜《さが》しに、ぶらりぶらりと長い廊下を傳つて行く。たとへば長い間寝ながら眺めてゐた向側の病室の前を歩いて見る事、または階下に降りて見るたのしみ、幾月かの間あこがれてゐた土を踏んでみる事の愉悦、しかしそれらの事が毎日とどこほりなく行はれなければこそ、その期待のたのしみは續く……蝸牛《かたつむり》は木の葉のゆらぎにでもその觸角を殼の中に閉ぢ込めなければならない。かくして私もある日は部屋に閉ぢて、しづかにその障害の去るのを待ちつつ横《よこた》はるのである。それは大抵わづかではあるが、熱とそれから胸部のいたみとのためであつた。

けれども月日は私の元氣に後楯《うしろだて》をした。診察室の前の大鏡に映る、ひつつめ銀杏《いちやう》の青白い顔は、日に日に幾らかづつ色を直して行つた。長い間には病院の内も外も私の散歩になれて、新しい感味が單純な頭を喜ばす事は少くなつた。それでもなほたつた一人の無聊《ぶれう》さに——ある時はそれが無上にやすらかで嬉しかつたけれど——歩きなれた廊下をぶらりぶらりとあてもなく私は病室を出かけて行く。

かうした日のつづきに、私がふと四月一日が來るのに氣がついて喜んだのは、その十日ばかりも前の事であつた。四月一日、それは藥を飲む事と、喰べることと、眠ることと、それから遊ぶ事より外には能のない人間にとつては、まことにお誂向《あつらへむき》の新規なぐさみであつた。All fools day！一年の中にただこの日だけ嘘が許される程、常に人々の心に正直が保たれてあるとも思へないけれど、それはともかく、親しい人達を大つぴらに瞞《だま》したりかついだりする事が出來るのは面白い事に違ない。この幾年かの私の辛慘な生活に於ては、なかなか思ひ出せもしなかつた、また思ひ出してもそれを實行する程の興味を伴はなかつた「四月馬鹿」が、漸く死の虎口を遁《のが》れて來た恢復期の門のあたりで、人世の嘘を享樂すべく私を誘つたのであつた。

私はうつかりしてその日を忘れないやうに、またどんな方法で皆をかついでやらうかなどと考へながら四月を待つた。もうかれこれ二百日近くも病院で暮してゐるので、院長をはじめ内科の醫員や看護婦達とは隨分したしみが出來てゐた。

「先生！　四月一日がもうぢき參りますから油斷してらつしやらないやうに……」

ある日私は最後の診察室の寢臺を下りながら、笑ひ笑ひ院長に向つて言つた。

「さう、四月ももうぢきですね、全くぐづぐづしてをられないなあ！」と、若い院長は立ち上りながら、曇硝子《くもりガラス》の外の明るい日ざしに眼をやつた。

「瀨川さんも、たうとう病院で花見をするやうになりましたね、もう二週間もしたら立派に咲きますぜ、この模樣ぢや。……えゝえゝ瞞《だま》したつて構ひませんとも！」

扉を排して院長は出て行つた。二人の醫員もまた晝の休息に醫局へと去つたあと、そこらの掃除を始める看護婦の津野さんと大越さんをつかまへて、私はなほも四月一日の話をする。大越さんは少しもそんな事を知らなかつたけれど、東京くるしみの津野さんは、

「さうさう、その日はどんなに嘘をついてもいいのですつてね、無禮講なんですつてね。」と言つ

「嘘をつく日」を入力した小林徹さんに聞く

作品が面白いから

水野仙子(みずの　せんこ・一八八八〜一九一九年)の嘘をつく日(うそをつくひ)について

――読売新聞女性記者、「青鞜」同人として活躍した仙子の短編小説。青空文庫では、一五作品および有島武郎著「水野仙子氏の作品について」が公開中。

マイナーな作家が道をひらく？

小林徹さんのお宅は日暮里から京成線で一時間ほどの市街地にある。門には「こども110番／ＰＴＡ」という貼り紙があった。母屋の横から庭に抜け、敷石を伝って庭を横切ると別棟の小林さんの書斎に行きつく。パソコンが置かれた机、スライド式の本棚、ちいさな冷蔵庫、カール・シューリヒトのＣＤの詰まった箱などがきちんと置かれている書斎は必要にして充分なサイズ。生活空間からは隔離されていて居心地のいいこの部屋で、小林さんは仕事から帰った夜や休日に青空文庫の工作員として作業を行なっている。

小林さんが入力しているのは水野仙子、南部修太郎、素木しづなど、明治から大正にかけて活躍した作家の作品である。今はあまり読まれていない、いわばマイナーな作家たちの、しかも旧字旧仮名の作品だ。

「青空文庫をどのようにして知ったのか、今となってはよく覚えていません。マイナーな作家の本はふつうの書店にはほとんど置いてないんです。何かほしい本があるときには、

カール・シューリヒト
(Carl Schuricht)
一八八〇〜一九六七年。ドイツの名指揮者。水野仙子、南部修太郎、素木しづ等とともに、小林さんがホームページ「偏奇館」で紹介している。
http://page.freett.com/Schuricht/henkikan.htm
ちなみに、偏奇館とは永井荷風が麻布時代の居宅に名づけたもの。

まずネットで検索していましたから、あれこれ調べているうちに偶然に青空文庫にあたったのかな。インターネットで拝見しました、お手伝いさせてください、というようなメールをお送りしたんですよね」

それは一九九八年三月のことだった。小林さんの最初の入力作品は三島霜川「解剖室」。もちろん旧字旧仮名でルビも多い。コンピュータでは表示されない漢字があると、その漢字がどのような形をしているのか、注釈として説明しなければならなかった。新たな漢字が出現するたび、小林さんとはメールで確認しながらすすめてきた。青空文庫工作員マニュアルは、こうした個々の小さな経験が積み重なり、ルールとして整備されてきたものだともいえる。

三島霜川（みしま そうせん）
一八七六〜一九三四年。「解剖室」は明治四〇年に『中央公論』に発表。

水野仙子に魅せられる

それにしても、いきなり三島霜川とは。なにしろ呼びかけ人の誰もが名前も知らない作家だった。底本に使われたのは筑摩書房『現代日本文學全集』八四冊目『明治小説集』（昭和三二、一九五七年刊）。

「文学青年だった父が『現代日本文學全集』を買いそろえていたのです。本棚に並んでいた中の一冊ですね。隣には八三冊目の『大正小説集』（昭和三二、一九五七年刊）がありました。この二冊を読んだことが方向を決めたのだと思います。僕が入れ込むようになった作家はほとんどこの本で取り上げられているんです」

『大正小説集』ではじめて読んだ水野仙子の「嘘をつく日」は今でも一番好きな作品だという。水野仙子という作家に興味を持った小林さんは、別の文学全集を探して「神樂坂の半襟」をはじめ、いくつかの作品を読んだ。

「芋蔓式です。ひとつ何か面白いものを見つけると、そのまわりにもっと面白いものがあることは物理学の研究方法として実証ずみですから」

水野仙子は三〇歳という若さで世を去った。著書は一周忌に出版された『水野仙子集』一冊しかない。ネットの古本屋でようやく手に入れたこの本は小林さんの宝物だ。「淑女画報」のような当時の雑誌に掲載された作品も少しずつ集め続けている。作品は意外にたくさんあるようだ。遺族が企画しているという全集はワープロ私家版とはいえ、全五巻の予定。

「もし全集が出たら何部くらい売れるんでしょう。二桁いけばいいのかな」と笑う小林さんはどことなく満足そうだ。マイナーな作家だからこそ、著作権が切れていても、今ふうに買える状態にある本は底本として使わないと決めている。

「青空文庫にテキストがあっても本を買う人はいるでしょうけど、そういう人ばかりではないと思います。だから売り上げにひびくことはしたくないんです」

マイペースで着実に

九八年からこれまでに小林さんが入力・校正した作品の数は一〇〇に近い。一定のペースを保ちながら長期間にわたって着実に作業を続ける工作員というのは、ほんとうのところあまり多くはいない。

「それは作品が面白いからですよ。面白いからやってこられた。デジタルテキストを普及しようなどと使命感に燃えたら続かなかったかもしれません。結果として魅力を感じたのは薄命の女性作家の作品が多いですね。僕の内なるものが女性的なのかな（笑）」

総ルビの作品を入力するのは大変だ。小林さんはまず本文を入力し、その後にルビだけ

総ルビ
すべての漢字に振り仮名をつける組版処理。総ルビは、明治・大正期の新聞や文学作品には珍しくなかったが、戦後、児童書などを除き激減。一九九七年、妹尾河童著『少年H』（講談社）が総ルビに近いことで話題を呼んだ。

をいれていく。同じ文字に同じルビがついていれば、バッチ処理をすることができるが、あえて何度でも同じ文字を入力することを楽しむのもいいと思っている。そのおかげなのか、がまん強くなったと感じることもあるそうだ。スキャナを使ってＯＣＲ入力をためしてみたが、あまりに味気なくて二度とやる気にならない。

通勤は読書の時間

小林さんは池田菊苗、鈴木梅太郎、長岡半太郎など理化学研究所に関係のある研究者のエッセイも入力している。実は小林さんの職場は理研で、レーザーを使った分光研究をしている。ひそかに理研のＰＲをしているつもりなのだが、誰も気がついてくれないような気がする。作家ではないからなのか、科学者の書いたものには校正してくれる人がなかなか現れないのも気がかりだ。

千葉県の自宅から埼玉県の理研まで通勤に要する時間は二時間ほど。往復で四時間もあるこの時間を小林さんは意識して読書にあてている。でも本は持ち歩かない。持ち歩いているのはＰＤＡだ。大好きなシューリヒトの指揮する音楽と青空文庫のテキストが入っている。テキストはT-Timeで縦書きで読む。そうやって『源氏物語』をついに読破した。

「電子テキストは文字のサイズが変えられるからいいですよ。本は字がちいさくてルーペが必要なこともありますからね。ＰＤＡがなかったら通勤で源氏物語を読破することはなかったと思います」

青空文庫で毎日新しく公開される作品はできるだけ読むようにしている。自分の力だけでは出会うはずのない作品を読むのは楽しい。青空文庫の本棚は父が集めた全集のようなものだと思うことがある。

（八千代市のご自宅にて　八巻美恵）

バッチ処理
コンピュータにおける、特定プログラムによる一括処理。

理化学研究所
物理学・工学・化学・生物学・医科学など自然科学の総合研究所、独立行政法人。
http://www.riken.jp/r-world/riken_menu/index.html

PDA(Personal Digital Assistant)
アップル社が開発した「Newton」に端を発する個人ユーザー向け携帯情報端末の総称。米国パーム社のパーム（Palm）シリーズ、日本シャープ社によるザウルスなどが有名。現在では携帯電話と融合しつつある。

源氏物語　夕顔

紫式部

與謝野晶子訳

うき夜半《よは》の悪夢と共になつかしきゆめ
もあとなく消えにけるかな　（晶子）

源氏が六条に恋人を持っていたころ、御所からそこへ通う途中で、だいぶ重い病気をし尼になった大弐《だいに》の乳母《めのと》を訪《たず》ねようとして、五条辺のその家へ来た。乗ったままで車を入れる大門がしめてあったので、従者に呼び出させた乳母の息子《むすこ》の惟光《これみつ》の来るまで、源氏はりっぱでないその辺の町を車からながめていた。惟光の家の隣に、新しい檜垣《ひがき》を外囲いにして、建物の前のほうは上げ格子《こうし》を四、五間ずっと上げ渡した高窓式になっていて、新しく白い簾《すだれ》を掛け、そこからは若いきれいな感じのする額を並べて、何人かの女が外をのぞいている家があった。高い窓に顔が当たっているその人たちは非常に背の高いもののように思われてならない。どんな身分の者の集まっている所だろう。風変わりな家だと源氏には思われた。今日は車も簡素なのにして目だたせない用意がしてあって、前駆の者にも人払いの声を立てさせなかったから、源氏は自分のだれであるかに町の人も気はつくまいという気楽な心持ちで、その家を少し深くのぞこうとした。門の戸も蔀風《しとみふう》になっていて上げられてある下から家の全部が見えるほどの簡単なものである。哀れに思ったが、ただ仮の世の相であるから宮も藁屋《わらや》も同じことという歌が思われて、われわれの住居《すまい》だって一所《いっしょ》だとも思えた。端隠しのような物に青々とした蔓草《つるくさ》が勢いよくかかっていて、それの白い花だけがその辺で見る何よりもうれしそうな顔で笑っていた。そこに白く咲いているのは何の花かという歌を口ずさんでいると、中将の源氏につけられた近衛《このえ》の随身《ずいしん》が車の前に膝《ひざ》をかがめて言った。

「あの白い花を夕顔と申します。人間のような名でございまして、こうした卑しい家の垣根《かきね》に咲くものでございます」

その言葉どおりで、貧しげな小家がちのこの通りのあちら、こちら、あるものは倒れそうになった家の軒などにもこの花が咲いていた。

「気の毒な運命の花だね。一枝折ってこい」

と源氏が言うと、蔀風《しとみふう》の門のある中へはいって随身は花を折った。ちょっとしゃれた作りになっている横戸の口に、黄色の生絹《すずし》の袴《はかま》を長めにはいた愛らしい童女が出て来て随身を招いて、白い扇を色のつくほど薫物《たきもの》で燻《くゆ》らしたのを渡した。

「これへ載せておあげなさいまし。手で提《さ》げては不恰好《ぶかっこう》な花ですもの」

随身は、夕顔の花をちょうどこの時門をあけさせて出て来た惟光の手から源氏へ渡してもらった。

「鍵《かぎ》の置き所がわかりませんでして、たいへん失礼をいたしました。よいも悪いも見分けられない人の住む界わいではございましても、見苦しい通りにお待たせいたしまして」

と惟光は恐縮していた。車を引き入れさせて源氏の乳母《めのと》の家へ下《お》りた。惟光の兄の阿闍梨《あじゃり》、乳母の婿の三河守《みかわのかみ》、娘などが皆このごろはここに来ていて、こんなふうに源氏自身で見舞いに来てくれたことを非常にありがたがっていた。尼も起き上がっていた。

「もう私は死んでもよいと見られる人間なんでございますが、少しこの世に未練を持っておりましたのはこうしてあなた様にお目にかかるということがあの世ではできませんからでございます。尼になりました功徳《くどく》で病気が楽になりまして、こうしてあなた様の御前へも出られたのですから、も

工作員ファイル⑤

与謝野晶子訳「源氏物語　夕顔」のテキストを提供した上田英代さんに聞く

源氏物語を多くの人へ

与謝野晶子（よさの　あきこ・一八七八～一八四二年）訳の源氏物語（げんじものがたり）について

——一二歳ころから源氏物語を繰り返し読み、この口語訳はライフワークの一つとなる。青空文庫では、すべての帖が読める。

上田裕一（うえだ　やすいち）さん

沖縄県「もとぶ野毛病院」理事長。環境問題にも積極的に取り組み、生ゴミ堆肥化技術開発等を行なう。〈環境・情報・医療・文学の4つの分野で21世紀循環型社会の構築に貢献〉する「有限会社日本ライフセンター」を創業。現在の代表取締役は上田英代さん。

得てして、誘い込まれた者が誘い込んだ者よりも熱心になってしまうものだ。上田英代さんの場合も、誘い込まれた側だった。はじめに『源氏物語』に興味を持ったのは、英代さんの夫であり、医師である上田裕一さんだったのである。

源氏物語の成立過程を追う

源氏物語の成立が巻順でないことを感じとった裕一さんは、まったくの趣味から、その研究を始めることになる。成立過程については、多くの文学者によって諸説発表されているが、それをもっと論理的に証明する手立てがあるのではないかと考えたのだ。その研究をするうえで、大学で国文学を学んだ英代さんに協力を仰ぐことになった。

「卒論は宮沢賢治を選びました。どちらかというと、古典文学とはあまり縁がなかったんです。でも、成立過程の研究を手伝ううちに面白くなって、次第に源氏にのめり込むようになっていきました」

一九七九年に英代さんが手伝いはじめて一〇年目の八九年、裕一さんと英代さんの共著として『パトグラフィー紫式部～解読「源氏物語」～』が刊行された。源氏物語の成立過程を「源典侍」「空蟬」「夕顔」「雨夜の品定め」に関する記述から分析、さらに紫式部のパトグラフィー（病跡学）を重ね合わせて源氏物語を読み解こうという力作である。

プログラムを開発、計量分析に取り組む

ＵＮＩＸのプログラムにも長けていた裕一さんは、さらに、源氏物語の文章を単語ごとに区切るプログラムをつくってしまう。こうすることによって、すべての巻を主要八品詞（名詞、動詞、補助動詞、形容詞、形容動詞、副詞、助詞、助動詞）に分解することが容易となり、使われる品詞の頻度で書かれた時期が特定できるのではないかと考えたのである。そこで文部省統計数理研究所の村上征勝氏に共同研究を申し込んだ。

「まず、中央公論社の池田亀鑑編著『源氏物語大成』を、ＯＣＲ装置を使ってテキスト化しました。機種は富士電機ＸＰ－５０Ｓですが、九〇年当時はまだ高価なものでした。そして、そのテキストをプログラムに通して文節を区切って品詞を特定し、さらにその品詞に、巻名、頁数、行数の〝所在地〟を付けてデータベース化しました。品詞ごとにそれがどこで使われているのか検索できるようにしたのです。こうすることにより、同じ品詞の出現する度合いがすぐさま分かるようになったのです」

プログラミングは裕一さんが担当し、英代さんはＯＣＲの作業やその校正、文節区切りの確認などを行なった。そして、この研究は「源氏物語の計量分析」として文部省科学研究費補助金がつくことになる。併せて英代さんは統計数理研究所の外来研究員となった。

研究の成果は、九四年末から九七年にかけて、『源氏物語語彙用例総索引（自立語篇）』『同（付属語篇）』『紫式部日記語彙用例総索引』（共著、勉誠社刊）として発表されている。

パトグラフィー (pathography)
〈病跡学とは、傑出した人間の生活記録について、精神病理学的に興味のある精神生活の側面を調べ、その精神異常性が、その人間の創造性に対してどのような意味を持つかを明らかにしようとする精神医学の一分野である〉（『パトグラフィー紫式部』の「はじめに」より）

ＵＮＩＸ（ゆにっくす）
米国ＡＴ＆Ｔ社のベル研究所が一九六九年に開発したマルチユーザー・マルチタスクのＯＳ。学術機関や研究所等を中心に普及してきた。オープン・ソースによる Linux（リナックス）はＵＮＩＸ互換のＯＳ。

公開できるか公開できないかの差

「計量分析の研究をすすめるのと同時に、与謝野晶子訳の『源氏物語』もテキスト化することになったのです。紫式部の原文と晶子の訳文を、コンピュータ上に並べて表示させることができたら素晴らしいと思いまして。晶子がどのように意訳しているのか、その比較が容易にできるのもコンピュータの利点です。写本のデジタル画像も一緒に見せることができたら、なお素晴らしいですよね」

九五年に上田英代さんは古典総合研究所を設立、ホームページを開設して今までの研究成果を公開した。〝与謝野源氏〟も全文を公開、さらに紫式部と与謝野晶子の文章を比較するページをつくることも考えていた。

ただ、ここで問題となるのは著作権である。校訂者の権利も、著者と同じ権利が適用されると判断することができる。紫式部の権利は言うまでもなく切れている。が、校訂者の権利は存続している場合が出てきた。それをそのままインターネット上に公開するのでは問題となる。ちなみに、池田亀鑑氏の権利は、二〇〇七年まで存続している。

「与謝野晶子訳のテキストが使えて、紫式部の原文が使えないなんて、何となく腑に落ちないところがありますよね。写本のデジタル画像は、大正大学や京都大学がホームページ上に公開しているので、あとは紫式部のテキスト部分をどうするかだけなんです」

そこで英代さんは、自分のホームページで、今できる範囲内で最大限のことをやろうと考えた。

「さしあたって、源氏物語の各巻、冒頭に出てくる和歌についてのみ、紫式部のテキスト、そのサイデンステッカーさんの英訳を並べました。さらにクリックすれば、大正大学付属

古典総合研究所
http://www.genji.co.jp/

サイデンステッカー
(Edward G. Seidensticker)
一九二一年、米国コロラド州生まれ。日本文学研究家。『源氏物語』ほか谷崎潤一郎、川端康成、三島由紀夫等の作品の英訳で世界的に知られる。コロンビア大学名誉教授。

図書館所蔵の写本の該当部分のデジタル画像が現れるようにしてあります。引用という形を採って、比較対照できるようにしたわけです」

ネットでの広がり

九九年、青空文庫では「青空文庫収録ファイルの取り扱い規準」を設ける。この取り決めに際して、一部公開中だった与謝野晶子訳『源氏物語』の取り扱いに不具合が生ずることになる。しかし、改めて入力するのは大変な作業量だ。そこで、古典総合研究所の上田英代さんに連絡を取って、使用許可を得ようということになった。

「青空文庫のことは知っていました。ですから、どうぞ、どうぞ、と富田倫生さんに申し上げたのです。公開したテキストは、いろんな人がいろいろな形で使っていくことを前提としていますから。さらに再校正までしてもらって、それをフィードバックしていただきました」

古典総合研究所のホームページを立ち上げたことで、青空文庫の場合と同じように、さまざまな人たちからメールをもらうことになる。源氏物語に興味を持ちはじめた若い人たちからのメールも届く。

「古典総合研究所では、高校生に向けた古典文法練習ソフト『光くんと紫ちゃん　助詞・助動詞編』をつくりました。特に若い人たちにもっと古典に接してもらいたくてこのソフトをつくったわけです。そこからさらに書店やインターネットなどで源氏物語に興味を持ってもらいたいです。最近では電子本という方法もあり、たとえば瀬戸内寂聴訳の『源氏物語』を購入することも容易ですので、源氏ファンが増えると嬉しいです」

（渋谷「有限会社日本ライフセンター」にて　野口英司）

電子本
電子本販売サイト「文庫パブリ」の講談社コーナーで、瀬戸内寂聴訳『源氏物語』の電子本を購入することができる。全一〇巻で、一巻七三五円（税込み）。
http://www.paburi.com/paburi/

半七捕物帳　湯屋の二階

岡本綺堂

一

　ある年の正月に私はまた老人をたずねた。

「おめでとうございます」

「おめでとうございます。当年も相変りませず……」

　半七老人に行儀正しく新年の寿を述べられて、書生流のわたしは少し面食らった。そのうちに御祝儀の屠蘇《とそ》が出た。多く飲まない老人と、まるで下戸《げこ》の私とは、忽ち春めいた顔になってしまって、話はだんだんはずんで来た。

「いつものお話で何か春らしい種はありませんか」

「そりゃあむずかしい御註文だ」と、老人は額《ひたい》を撫でながら笑った。「どうで私どもの畑にあるお話は、人殺しとか泥坊とかいうたぐいが多いんですからね。春めいた陽気なお話というのはまことに少ない。しかし私どもでも遣《や》り損じは度々ありました。われわれだって神様じゃありませんから、なにから何まで見透しというわけには行きません。したがって見込み違いもあれば、捕り損じもあります。つまり一種の喜劇ですね。いつも手柄話ばかりしていますから、きょうはわたくしが遣り損じた懺悔話をしましょう。今かんがえると実にばかばかしいお話ですがね」

文久三年正月の門松も取れて、俗に六日年越しという日の暮れ方に、熊蔵という手先が神田三河町の半七の家《うち》へ顔を出した。熊蔵は愛宕《あたご》下で湯屋を開いていたので、仲間内では湯屋熊と呼ばれていた。彼はよほど粗忽《そそっ》かしい男で、ときどきに飛んでもない間違いや出鱈目《でたらめ》を報告するので、湯屋熊のほかに、法螺熊《ほらくま》という名誉の異名を頭に戴いていた。

「今晩は……」

「どうだい、熊。春になっておもしれえ話もねえかね」

半七は長火鉢の前で訊いた。

「いや、実はそれで今夜上がったんですが……。親分、ちっと聞いてお貰い申してえことがあるんです」

「なんだ。又いつもの法螺熊じゃあねえか」

「どうして、どうして、こればかりは決して法螺のほの字もねえんで……」と、熊蔵はまじめになって膝を揺り出した。「去年の冬、なんでも霜月の中頃からわっしの家の二階へ毎日遊びに来る男があるんです。変な奴でしてね、どう考えてもおかしな奴なんです」

三馬の浮世風呂を読んだ人は知っているであろう。江戸時代から明治の初年にかけては大抵の湯屋に二階があって、若い女が茶や菓子を売っていた。そこへ来て午睡《ひるね》をする怠け者もあった。将棋を差している閑人《ひまじん》もあった。女の笑顔が見たさに無駄な銭を遣いにくる道楽者もあった。熊蔵の湯屋にも二階があって、お吉という小綺麗な若い女が雇われていた。

「ねえ、親分。それが武士《さむれえ》なんです。変じゃありませんか」

「変でねえ、あたりまえだ」

武士が銭湯に入浴する場合には、忌《いや》でも応でも一度は二階へあがって、まず自分の大小をあずけ

工作員ファイル ⑥

「半七捕物帳　湯屋の二階」を校正した小林繁雄さんに聞く

青空文庫の深みへ

岡本綺堂(おかもと　きどう・一八七二〜一九三九年)の半七捕物帳(はんしちとりものちょう)について
——江戸を舞台にした探偵小説。コナン・ドイルのシャーロック・ホームズに触発されて書きはじめたといわれる。青空文庫では、全六九話を公開中。

人をとりこにする入力という〝筆写〟

小林繁雄さんが青空文庫に、南方熊楠の「十二支考」を入力したいという初めてのメールを送ったのは、一九九九年二月のことになる。

小学校の教員だった小林さんは、それ以前から青空文庫のことを知っていたという。最初に新聞で青空文庫の記事を読んで、すぐホームページにアクセスしてみた。だが、そのときは特別に何かを感じることはなかったそうだ。

しばらく経って、同僚から青空文庫のことを改めて聞かされ、再びアクセスしたところ青空文庫工作員マニュアルが目につき、好きな熊楠を入力してみようと思い立ったらしい。このちょっとしたきっかけで、その後、小林さんは青空文庫に深く関わることになる。

「書棚から文学全集を抜き取り、コンピュータを使って入力するという行為は、何かしら中毒みたいなものがありますね。熊楠が行なっていた筆写のようなものなんですかね。普通の読書とは違って、その作家の書いた一字一句を余すことなく楽しむような、そんなと

南方熊楠(みなかた　くまぐす)
一八六七〜一九四一年。和歌山県生まれ。博物学者。南北アメリカ、イギリスなど外国で一四年暮らす。生物学では「粘菌」の研究で名高いが、民俗学、宗教学、考古学等にも精通。博覧強記の人。

十二支考(じゅうにしこう)
十二支の動物をテーマに、古今東西の文献を駆使した論考。青空文庫では、〝虎〟と〝兎〟を公開中。入力は、すべて小林繁雄さんにより終了している。

ころが人をとりこにさせますね」

小林さんは入力も校正もこなす。校正はどうなのだろうか。

「校正は校正で、自分の知らない作品に巡り会える楽しさがあるんです。私が工作員になったころは、原則として〝校正待ち〟の古い順に作業が割り当てられていたから、どんな作品が自分の担当になるのか分からなかった。ですから、余計そう感じたんでしょうね」

入力・校正の楽しさを覚えた小林さんは、その後、仕事の合間を縫ってコンスタントに〈青空の本〉づくりを続けていく。そして、そんな最中の二〇〇一年一二月、小林さんにある決心をさせる知らせが届いた。

仕事をやめて活動に専念

「青空文庫のメーリングリストで、富田さんから知らされました。野口さんが、翌年三月末のデータベース完成を目処に、青空文庫の専従的立場から離れることを。私は大変なショックを受けました。なにしろ、一番メールのやりとりをしていたのは、他ならぬ野口さんでしたから」

すぐさま小林さんは、野口宛にメールを出す。そのメールには、来年三月末に学校を辞めて、青空文庫の活動に専念する決意が書かれてあった。

「まったくのタイミングでした。ちょうど転勤の時期にあたっていたこと。たまたまその年の一月に入院して、青空文庫の作業を一日中やっていて充実感を得たこと。そこへ、古い言い方をすれば〝戦友〟と思っていた野口さんが離れられるという報が入った。そのすべてが重なったことが、私を決意させたんだと思うんです」

しかし、青空文庫から収入が得られる訳ではない。将来に対する不安はなかったのだろ

熊楠が行なっていた筆写
一〇歳のころから『和漢三才図』『本草綱目』等を書き写していた熊楠は、生涯において筆写を重視。「読んだだけでは忘れるが、写せば忘れない」と人にも勧めたという。大英博物館での筆写は有名。

メーリングリスト
青空文庫が二〇〇〇年四月に始めたメーリングリストのこと。目的は、〈青空文庫の作業を円滑に進めるために、これにかかわる者が知識をわかちあい、アイデアを確かめあうため〉。青空工作員、呼びかけ人、自作品を登録した人、ファイルのフォーマット変換等で青空文庫の利用に貢献する人、などが参加できる。現在約九〇人で構成。

うか。

「妻には泣かれました。これからは私が子どもを養っていかなければならないのね、と。でも一応、先々のことはそれなりに計算して出した結論なんです。それに、妻も教員で働いているわけですから、私が子どもと過ごす時間が増えるのも悪くないでしょう」

青空文庫を〝本業〟とすることにした小林さんは、入力・校正作業だけではなく、さらに深く青空文庫の運営に携わるようになっていく。〔むしとりあみ〕の行司役や「点検部屋」の要員にもなり、今は暮らしの大部分の時間を青空文庫に費やしている。

〔むしとりあみ〕の行司役
〔むしとりあみ〕において、公開作品についての誤植等を指摘された場合、その適否を判定する係。

「点検部屋」の要員
各工作員から上がってくる作品ファイルの点検をする係。

運営する側に身を置いて

青空文庫はボランティアで成り立っているとはいえ、不特定多数の人々が行なった作業を、特定の人たちがまとめあげなければならない。特定の人たちのことを世話人と呼ぶこともあるが、実質的な運営スタッフと言ってもいいだろう。現在では小林さんの他、富田さん、門田裕志さん、LUNA CATさんらがその立場にある。その不特定多数の工作員等からの質問に答えることも、彼らの役割となっている。

けれども、入力作品の点検をはじめ、工作員等への対応、青空文庫内のドキュメントの整理、さらには自身での入力、校正と、世話人たちがこなし切れる仕事量をはるかに超えているのが現状だ。

また、どんな活動でも、たとえば集まりに参加するだけの場合と、集まりを用意する場合とではまったく違う。青空文庫も、運営に関わるようになると、また違った側面が見えてくる。

「当たり前のことなんですが、青空文庫の場合、主に文学作品を求めて人びとは集まってきます。そんな人たちは、どちらかというと私も含めて、細かいことにこだわりを持つ人が多いような気がするんです。そんなこだわりに対して一つ一つ誠実に対応していくとなると、思った以上の労力が必要になってしまう。そして、その一つ一つに解答を出していけば、さらにまた深い部分の取り決めが必要になる。そうなると、ますます入力方法は複雑になり、工作員はマニュアルどおりに入力できなくなっていく。結局、その修正は世話人の仕事となってしまう。このままなら、新しい工作員にとっても、世話人にとっても、マイナス要素が増えていくだけのような気がするんです」

ゆるやかな公開システムを思う

大学サークルのような軽い気持ちで出発した青空文庫も大きく様変わりしてしまった。世話人の負担も大きくなる一方だ。今後、青空文庫はどのような運営をしていけばいいのだろう。

「もうチェックも何もせずに、工作員が入力したテキストファイルをそのままネットにアップするシステムに変えてもいいんじゃないでしょうか。たしか、プロジェクト・グーテンベルクは、その方法に近いと思うんですが。もう〔むしとりあみ〕もいらないと思うんです。やたらと細かいことを言う人が増えるだけですから。ファイルをダウンロードした後のことは、その人の判断に任せればいいんです。読むだけなら、多少の間違えがあっても問題ないですからね」

そうすれば、システマティックな作業が中心となり、運営も今よりずっと楽になるはずだという。けれど、最後に小林さんは、「そんな後戻りは、もう青空文庫にはできないですよね」と付け加えた。

(京都市「FOOD CAFE GU-」にて　野口英司)

プロジェクト・グーテンベルク (Project Gutenberg)
米国のインターネット公共図書館。著作権の切れた文学作品や辞書等をボランティアがデータ化して公開している。イリノイ大学のマイケル・ハートが一九七一年に始めた。
http://www.gutenberg.org/

やきもの讀本

小野賢一郎

【やきものの歴史】

やきものゝ歴史は古い、考古學の範圍にはいつてゆくと際限がない、また私のよく話し得るところでない。しかし、やきものが或時代の尖端をいつたものであつて、やきものゝ技を知る人が「瓦博士」などの稱呼で尊敬されてゐた時代のあつたことは確かである。我々は小學校の歴史で、百濟から瓦博士の來たことなど聞いた記憶がある。それが、ずつと後になると時代の流れに乘つて、權力者の保護を受け、氣位高くゐられた時もあれば、一介の勞働者扱ひされて、山間の賤が伏屋に土とロクロと共に起臥して、誰も顧みてくれぬ時代もあつた。

今や昭和の御代、國運隆々として起り、今まで骨董視され茶人の閑遊具と見られてゐたやきものゝ研究は日を追うて盛んになつてきた。全く今まで閑却されてゐたのが不思議であつたくらゐ。人間生を享けて乳房をはなれると共に茶わんに依つて食を得やうとし、二本の箸を執らうとする。一日三度は切つても切れない茶わんとの緣である。人間の周圍にあるもので、何から一番恩惠を蒙つてゐるかといへば植物だと或る林學博士が云つた。成程人間生活には木材といふものが多分にはいつてゐるであらう。家、机、たんす、膳―等々。鐵、銅等の鑛物等々。だが然し、やきものも亦人間生活に多量に取り入れられてゐることは爭へない。しかも此の燒物と人間との交渉は一種の魅惑力さへ伴つて相交感してゐるに於て――。

それは建築に心を使ふ人もあらう、着物に凝る人もあらう、しかし、四六時中生活の中にあつて、物質的に大きな犧牲を拂はないで樂しめるもの、やきものに如くはない。と、いへば、萬金の茶入や茶わんのことを持出されるかしれないが、それは本文のかゝはりしらぬことである。私は、これから、やきものに就て私の極めて貧しい知見から何事かを語らうとするのであるが、斷はるまでもなく私一個の考へであつて、決して人に教へやう、導かうなどゝいふ不遑な意圖は持つてゐない。私自身も勉強してみたいから、私の考へてゐることを文字に書き直してみる一つの「勉強」である。

【やきものの見方】

そこで、やきものを見るにはどういふ方法をとつたらいゝか。斯ういふ事を語るには自ら順序があるであらうが、私は新聞記者であつて、忙中一轉氣のつもりで斯樣なものを書くのであるから、組織立つた記述は出來ないかもしれない。たゞ思ひついたまゝを書きつらねてゆく。

最後に大切なことを言ひ添へておく、それは茲にいふやきものは釉藥のある燒物の謂ひである。或は支那漢代の瓦器や日本の祝部土器等を例に引用しないとも限らないが、先づ「釉《うはぐすり》のある燒物」を主題にしてゐることをはつきりしておきたい。

時代

【時代を知ること】

美術工藝品を見るには時代を知らねばならぬ。これが一番大切なことは誰しも知つてゐるはづだが、實は行はれてゐない。人に依ると器物その物を見さへすればよい。本體を知れば充分だ——といふことを云はれる。或はそれでいゝであらう。しかし其の器物の生れた時代を知ることが出來たならば、其の感興は更に深められやうし、鑑賞點は更に高められるであらう。殊に其の時代の

「やきもの読本」を入力した小野岳史さんに聞く

曾祖父の仕事を後世に

小野賢一郎（おの　けんいちろう・一八八八〜一九四三年）**のやきもの読本**（やきものとくほん）**について**

——ジャーナリストであり、陶芸評論家でもある、「陶器大辞典」「陶器全集」等を刊行した寶雲舎の創設者による〝やきもの入門書〟。

小野岳史さんが工作員になったのは、ご自身にとって〝特別な作品〟を青空文庫に登録するためだったと聞いている。この不思議な縁を巡ってお話をうかがった。

Q　「やきもの読本」の登録には、どんな経緯があったのでしょうか。

著者の小野賢一郎は曾祖父に当たります。祖父は私が七歳のときに亡くなっており、賢一郎のことは祖母から少しだけ話に聞いたことがある程度です。「やきもの鑑定読本」（復刻版）のあとがきに、祖父の正人が詳細な経歴を載せています。青空文庫に作業中の作家として登録されている蘭郁二郎は義理の息子に当たるそうです。

五年ほど前「随筆計画２０００」で「やきもの読本（抄）」が取り上げられていることを知りました。五巻の「陶」に掲載されていることは祖母から知らされ読んだこともあったのですが、「やきもの読本」の存在をネット上で目にするとは思ってもいなかったので大変興味をそそられました。ちょうどそのころノートパソコンを購入し、何かしてみたいという気持ちもありました。そこで富田さんにメールを出したのですが、そのやり取りの

蘭郁二郎（らん　いくじろう）
一九一三〜一九四四年。探偵小説作家、科学小説作家。青空文庫では、現在は「休刊的終刊」を公開中。人と作品は「怪美堂」の「蘭郁二郎の生涯」に詳しい。
http://www.kaibido.jp/bunyoku/raniku/ran.html

中でせっかくなら全文を入力してみようと。底本もネットで探して手に入れたと記憶しています。

Q　親族が書かれた本を電子的に復刻することについてお聞かせください。

「やきもの読本」が昭和七年に出版された後、昭和一三年に「やきもの鑑定読本」が刊行されました。この二冊は昭和三九年に「やきもの鑑定読本」として一冊にまとめられ、徳間書店から再刊されています。初版から三〇年以上後に再刊されたのは、そのころ陶芸ブームだったからではないかと思われます。内容の割には比較的平易な文章で、入門書としては手頃だったこともあるかもしれません。再刊された「やきもの鑑定読本」は現代仮名遣いに改められ、図版などの差し替えもされていたようです。直接確認したわけではないのですが、この図版の差し替えには祖父の正人が携わったようです。現在、この本は絶版となっており、容易に目にすることができなくなっています。電子的に復刻するのは、四〇年近く前に祖父がしたのと同じように曾祖父の仕事をその時代に合った形式で多くの人の目に触れるようにするということなのかもしれません。それなら、復刻版も入力するべきではないかと思ってはいるのですが、なかなか実行に移せないでいます。

「やきもの読本」を青空文庫に登録したことで、私が賢一郎の親族であることを知った方から連絡があったこともありました。LUNA CATさんから知らせて頂いたのですが、ネットが縁で世代を越えた出会いというのもあるのだなあと感慨に浸ったものです。

Q　海外にお住まいというお話でしたが、青空文庫をご覧になることはありますか。

現在ニューヨークに住んでいます。日本にいたときよりも青空文庫を利用する機会は増えたと思います。仕事の帰り道、バスに揺られながらｉＰｏｄに転送した作品を読むのが息抜きになっています。

（メールにて）

随筆計画２０００
もりみつじゅんじさんが、『日本の名随筆』（作品社）をみんなで入力しようと立ち上げた計画。

ｉＰｏｄ（アイポッド）
米国アップル社のデジタル・ミュージックプレイヤー。テキストデータを読み込ませればテキスト・ビュワーにも。二〇〇五年八月、同社は日本でも音楽配信サービスを開始。

探偵小説アルセーヌ・ルパン　EDITH AU COU DE CYGNE

モーリス・ルブラン　Maurice Leblanc（婦人文化研究会訳）

一

今から三年前のことである。ブレスト発の列車がレンヌ駅に著《つ》いた時、その一貨車の扉の破壊されているのが見出だされた。この貨車はブレジリアの富豪スパルミエント大佐の借切ったもので、中には綴《つづ》れ錦の壁布を入れた箱がいくつも積込まれていたが、箱の一つは破られて、中の錦の一枚がなくなっていた。

スパルミエント大佐は、夫人と一緒に同じ列車に乗っていたが、これを知ると、鉄道会社に談判を持ち込んで、一枚が盗まれても他の物の値打まで非常に下《さが》るからとて、莫大の損害賠償を請求した。

問題は起った。警察は犯人の捜索に主力を集中した。鉄道会社でも少なからぬ懸賞金を投じてこれに声援した。

この騒ぎの真中の警視庁へ、一通の手紙がまい込んだ。開いてみると、今回の窃盗事件はアルセーヌ・ルパンの指揮の下に行われ、贓品《ぞうひん》は翌日北アメリカへ向けて送られた。という文面である。警視庁は俄《にわか》に活動を進めた。同夜サンラザール停車場で、一刑事のために彼の錦が一行李の中から発見された。

この窃盗はルパンの失敗に終った。
これを聞いたルパンは怒り絶頂に達して、直ちに筆を取って、スパルミエント大佐に一書を送った。それにはこう書いてあった。

先日はただ一枚のみ頂戴しました。その時は一枚だけでよかったのですが、それをかく御取戻しになるにおいては、小生にも考があります。今度はきっと十二枚全部頂戴いたします。右前以って御通知まで。

アルセーヌ・ルパン

二

スパルミエント大佐は、フェイザンドリイ街とジュフレノアイ街の角にある邸宅をかまえた。大佐は頑丈な体格の持主で、広い肩、黒い髪、また銅色の皮膚も屈強に見えた。夫人はすこぶる美人ではあるが、生来薄柳の質で、この間の壁布の紛失事件の時でもひどく恐れを抱いて、こんな物があるとどんな怖ろしい事になるかもしれないから、いくらでもかまわない、早く手離した方が安心だとしきりに夫に説いたほどであった。が、大佐はなかなか剛情なたちで、女達の弱音ぐらいにへこむ人ではなかった。従って錦は決して売払われはしなかった。でも十二分の用心をして、設備を加えたり、盗難保険に入ったりした。

第一番に、庭の方に向いている、家の正面だけを警戒したら足るようにと、裏の方のジュフレノアイ街に向いた方は、下から上まで、窓も入口もすっかり壁を塗りつぶしてしまった。更に錦の飾られている室《へや》の窓という窓に、秘密の装置を施して、ちょっとでもこれに触れると、家中の電燈が一時《いっとき》にパッとともり、同時に電鈴がけたたましく鳴りひびく仕掛にした。

工作員ファイル⑧

「探偵小説アルセーヌ・ルパン」を校正した大久保ゆうさんに聞く

グループワークを開始

ルブラン　モーリス（一八六四〜一九四一年）著、婦人文化研究会訳の探偵小説アルセーヌ・ルパン（たんていしょうせつアルセーヌ・ルパン）について——大正末期に東京で活動した婦人運動団体、婦人文化研究会発行の『婦人パンフレット』に収められていた。

高校生の工作員

京都大学電子テクスト研究会はその名のとおり、京都大学に本拠を置くサークルだ。青空文庫に収録するために、著作権の切れた翻訳作品を電子テキストに仕上げることを主な目的としている。

代表の大久保ゆうさんは一九八二年生まれ。青空文庫の最も若い工作員だ。高校一年生のとき、授業で石川啄木の詩を読む課題を出された大久保さんはインターネットで検索していて、青空文庫と出会った。収録作品はまだ一〇〇〇冊にも達していなかったけれど、探していた詩はそこにあった。ボランティアで作品を入力するプロジェクトもおもしろそうで、参加したいと思ったのだが、何を入力していいのか分からない。底本として使えそうな本が身近にないのだ。ふと好きなシャーロック・ホームズのことを考えた。作者のコナン・ドイルは一九三〇年没で著作権は切れている。そしてそのテキストはすでにインターネット上で公開されていた。自分で翻訳すればいいのだと思いつき、「ボヘミアの醜聞」

シャーロック・ホームズ
コナン・ドイルが生んだ偉大なる名探偵。大久保さんはホームページ「The Baker Street Bakery」も開設している。
http://www.alz.jp/221b

を翻訳したいとメールで申し出た。

青空文庫側にとっては高校生の工作員の出現は大きな事件だった。呼びかけ人のひとりが大久保さんの担当となり、翻訳が完成するまでていねいなメールのやりとりが続いた。「ボヘミアの醜聞」は九八年一二月二八日に公開された。大久保さんには翻訳者としての著作権があるが、ファイルの末尾には〈このファイルはフリーウェアです。著作者に無断で複製、再配布できます。〉と明記している。

グループワークを始める

大学生になった大久保さんは翻訳論翻訳史を専攻している。どうやら青空文庫での経験がきっかけを作ったようだ。大学周辺の古本屋を見てまわり著作権切れの翻訳書の収集も始めた。イプセン『人形の家』、トルストイ『戦争と平和』、バーネット『秘密の花園』などの文学作品からキルケゴール、マルクス、ルソーなどの哲学書まで、一〇〇冊を越える。菊池寛訳『家なき娘』なんていうものもある。そして京都大学の図書館には貴重な学術文献が多数眠っている。これらを一人で入力するのは不可能だ。

そのころ、青空文庫では「まれびとプロジェクト」や「光の君再興プロジェクト」など複数のグループワークが進行していた。その体験から、大久保さんは「一人ではむずかしくとも、人が集まれば可能ではないだろうか」と思うようになった。グループ活動には持続性が期待できるし、なにより同じ世代の仲間がほしいという切実な理由もあった。

二〇〇四年のはじめ、知り合いを誘ってサークルはスタートした。春にはビラを作って本格的に勧誘活動を始め、ほどなく一五人ほどがメンバーとして参加するまでになった。

二〇〇四年四月一日は入力から校正までサークルで作り上げた魯迅の「故郷」と「明日」

菊池寛訳
青空文庫では、「白雪姫」「小公女」「フランダースの犬」「アラビヤンナイト」などを公開中。

まれびとプロジェクト
折口信夫作品を〈青空の本〉とする計画。二〇〇四年一月一日開始、進行中。

光の君再興プロジェクト
古典総合研究所のテキストを利用して、与謝野晶子訳「源氏物語」を〈青空の本〉とする計画。二〇〇三年二月一五日開始、〇五年三月一六日終了（公開完了）。

の二作品が青空文庫で公開された記念すべき日だ。

青空文庫の工作員になるためには、いくつかの手続きと準備がいる。青空文庫の約束ごとに同意し、入力する作品の底本は自分で探すのが原則だ。入力してみたいと思ったときに適当な底本を見つけられなかった大久保さんには、同世代の人にとってはこれらの下準備こそ難関なのだということがよく分かる。そこで旧字旧仮名の底本は現代表記（新字新仮名）に書き換えて入力するという方針を決めて、今や膨大になった青空文庫工作員マニュアルから、自分たちの作業に必要な部分だけを取り出してまとめた実用性の高いマニュアルを作った。旧字と新字の対照表もある。サークルのメンバーは底本のリストから一冊を選び、マニュアルと一緒に持ち帰って、すぐに入力にとりかかれるようになっている。

現代表記（新字新仮名）に書き換えて入力
青空文庫では、旧字・旧仮名遣いの作品を新字・新仮名遣いに改めて〈青空の本〉にする際の作業指針を決めている。

ブログで会員を募る

二〇〇五年一月二三日、〔aozora blog〕に「電子テクスト研究会ただいま新規会員募集中」という記事が載った。投稿したのはもちろん大久保さん。

〈……会員はうちの大学だけに限ったということではなく、京都市内で容易に接触できる方なら、どんな人でも構いません。他の大学の人でもいいし、働く人でも、専業主婦（主夫）の人でも。

一年間続けてきて、このサークルも方向性がはっきりと固まってきました。それは、青空文庫の入力・校正をコーディネートするということです。……とにかく青空文庫に参加するときに面倒な部分は全部、サークルでコーディネートすることによってぶっ飛ばしてしまって、いろんな人に気楽に参加してもらおう、というわけです。〉

〔aozora blog〕
工作員らが参加しているブログ。

一年間のグループワークの経験はサークルの方向性を決め、さらに広がりを与えた。

グループワークを楽しむ

経済学部の荒木恵一さんは経済学の古典に的をしぼって入力していて、ワルラス マリー・エスプリ・レオンの『純粋経済学要論』上巻の入力を終えたばかり。入力は古典を読む機会でもあると言い、細かい図版や数式の入力もあまり苦にしていない様子だ。「旧字が読めるのが楽しい」と言うのは教育学部の山本貴之さん。仏教大学の空谷享さんはブログを読んで興味を持ち参加したばかりだ。

工学部の中野賢太さんは言う。「旅行するときには青空文庫からダウンロードした作品をザウルスに入れて持ち歩いています。定期的に読んでいたので、身近にこのサークルができたのを知って、青空文庫に少しは恩返しをしようと思いました。入力と校正の現場にいると、読みたい作品をダウンロードしたときに、30キロバイトとか120キロバイトとかの容量を見て、ああたいへんやったんだなあと実感できるようになりました」

サークルの部屋は京都大学経済学部の地下にある。机の上には入力を待つ底本が何冊か置かれているだけ。コンピュータはない。あえて置かない方針だ。大久保さんはときどき携帯電話からみんなに入力の進行状態や底本などのお知らせメールを送る。これがサークルの「会報」だ。そして週に一度はこの部屋に集まって、世間話とともに、ファイルの受け渡しをしたり、作業に関する相談をする。入力や校正という作業は孤独なものだが、経験は共有できる。だから会って話すことが最優先なのだ。

「今はここだけだけど、そのうち各大学に同じようなサークルができるといいですよね。その日のために自分たちの活動の経験を公開していこうかなあ」

このゆるやかな作戦の成功を期待しよう。

（京都大学サークル部屋にて　八巻美恵）

キロバイト
1024バイト。バイトはコンピュータで情報を現す単位。青空文庫の公開作品おおよその長さは、「図書カード」に記録されたバイト数で分かる。〔青空文庫Q＆A〕参照のこと。

一青年異様の述懐

清水紫琴

恋愛を知らずして、恋愛を画《えが》くは。殆んど素人の、水先案内をなすが如し。いはんや、異性の人の、恋愛においてをや。されどかれは、誤れば人命を傷《そこな》ふの恐れあれど、これは間違へばとて、人の笑ひを招くに止まると、鉄面にものしぬ。予は敢へて、恋愛を説くといはじ。ただその一端はかくやらむと。疑ひを大方に質《ただ》すのみ。

つゆ子しるす

予は何故に、彼女のこと、かほどまでに、心に掛かるか、予が彼女に始めて逢ひたるは、たしか数日以前の事にてありき。その後予は、彼女の事について、思ふ外は、何事をも思はず。また彼女に再び逢はむとて、一二度予が友の家へ行きたる外は、何事をなし来りたるかを記憶せざるなり。ただある一人の友は、予が二三日前学校の窓に依りて、何日《いつ》になく、沈んだる調子にて、何か考へいたりしを、見しといへり。また一人は、昨日途中にて、予に出会いしかど、予はただその顔を見たるのみ、彼が何をかいひたるに、答へずして行き過ぎたりと告げたりき。されば予は、例の如く、学校にも行きしものと見ゆ。されども予は記憶せず、予はただ彼女の事のみを思ふ。予は実に、不思議なる人と、なりたるかな。予はもと、父母より稟《う》けたる、資質と、しかも自らの修養とに依り、物に動せざる特性は確かに、備へをりたり。この点は人よりも称せられ、また自らも恃《たの》みいたりしなり。故に今日まで、いかなる場合、いかなる事変、いかなる人物に接しても、怖るる、あわてる、驚くなどいへる事は、なかりしに、彼女に対しては、予は全く眼眩《くら》み、口咄《とつ》し、耳聾《ろう》し、恍惚として、自他の境をも、弁ぜざるものと、なりたるなり。これまで、強情なる男といはれたる予が、彼女の前には、一処女の如く、化し去らるるなり。予が彼女の前にある時は、彼が予に、何事をか、命じくれまじやと冀《こひねが》ふのみ。予が全身は、彼女の前に捧げ物となる。予が特性、予が自負、ここに至つて全く烟散霧消す。これそもそも何の理由なるや、予その所以を知らざるなり。かつて聞く、昔泰西の学者の間に行なはれたる説に、知識の石（ストーン、オフ、ウイスドム）または、聖哲の石（フイロソフアース、ストーン）てふ宝石ありて、この宝石は、鉛を銀にし、銅を金にし、またよく不老不死の、仙薬を製し得るの、怪力ありとて、遂にその石の探求に、終生を擲《なげう》ちたるの学者もありきと、もし彼女は、これら宝石の類にはあらざるか。予は深くこれを疑ふ。しかれどもかの宝石の説は、ただこれ学説上の、妄想迷信より出でたるものにして、一人《いちにん》もこれを発見したるものなかりしといへば。今日かくの如きもののあるべき筈はなし。さらばいよいよ彼女の怪力は、不可思議なり。彼が予の特性を奪ひ、予の本質を変じたるの事実は、昭々として数日以来予の眼に映ずるところ予は実にその原因を、講究せざるべからざるなり。よつて予は先づ彼女と始めて、相見たりし時に遡《さかのぼ》りて、それより、順序を追ふて、考ふべし。予が最初彼女と、友人の宅において出会ひし時は、わづかに一二語を交へたりしのみ。別段親密に、談話をなせしといふにはあらざりしかど、彼女が非凡の資質は、どことなく顕はれ、予は先づこれに対して、敬といふ念起こりたり。しかして平素種々の関係よりして。婦人を土芥視し、もしくは、悪魔視しいたりし予は、彼女の前に、いと小さきものと、なりたるが如き心地し。処女の如く、謹んでうづくまりいたりき。この時よりし

工作員ファイル ⑨

「一青年異様の述懐」を校正した松永正敏さんに聞く

趣味は青空文庫

清水紫琴（しみず　しきん・一八六八～一九三三年）の「一青年異様の述懐」（いちせいねんいようのじっかい）について――『女学雑誌』編集主幹を務め女性ジャーナリスト第一号といわれる紫琴が、古在由直（のち東大総長）から求愛された時期に執筆した短編小説。

日課は新規公開作品のチェック

毎朝、青空文庫の新着情報を確認することが、松永正敏さんの日課だ。そこに自分の校正した作品があれば無事完了、まずはホッと胸をなで下ろす。と同時に、無上の喜びを感じてしまう。そして次に、〔むしとりあみ〕を覗きにいく。

「〔むしとりあみ〕へ行くのは、恐る恐る、という感じですね。そこに自分の担当作品が載っていなければ、今日は大丈夫だなと安心するんですが、もし、あったりすると、ああ、また校正から漏れてしまったなあって、気分がちょっと暗くなったりもするんです」

青空文庫は、訪れるみんなで創りあげていくもの、という不文律がある。公開作品に、たとえ担当者の作業上の〝漏れ〟があったとしても、それに気づいた者が指摘し、世話人が修正していけばいい、という姿勢だ。そこが、インターネット上に浮遊するデジタル・データの利点の一つでもある。たとえ間違えがあっても、印刷物のような工程は踏まないから、比較的簡単に直すことができる。〈青空の本〉づくりの作業過程において、誰か

〔むしとりあみ〕
青空文庫公開作品の誤植の指摘を受け付けるコーナー。判定までの意見交換もある。訂正作業のため、適宜休業。

に何かしらのミスがあったとしても、非難される筋合いのものではない。ミスへの非難は、印刷された紙の「本」の修正がきかないという強迫観念からなされる場合が多いのであり、そのことに対して工作員が恥じる必要性はまったくない。

「そうですねえ、それは分かっているんです。でもやっぱり人間は、ミスをしてはいけない、ということが長い間に刷り込まれていますよね。『誤植読本』などを読んで、どんな人にもミスはあるんだって、自分を納得させようとしたりはするんですが」

自分の携わった本で見つかった誤植

〔むしとりあみ〕で、松永さんが校正を担当した作品の〝誤植〟について論議されたことがあった。底本は、一九八三年に草土文化から刊行された『紫琴全集　全一巻』である。

「実を言いますと、この本には文選から下版まで非常に深く関わりました。それだけに愛着があります。まだ活版印刷のころですよね。六九歳で退職するまで、私は印刷会社に勤めていまして、そこで活字組版全般から、電子タイプ、ワープロなどいろいろやりました」

松永さんが清水紫琴の本づくりに関わっていたことは、何かの機会に「点検部屋」の人たちに伝わったらしい。ある日、松永さんは、青空文庫の〔作業中の作品〕リストに清水紫琴の名を発見した。そのときは、嬉しさと同時に昔の自分が引っ張りだされてきたような気がして、少しばかり気恥ずかしさを覚えたそうだ。

「入力してくれたことには驚きました。清水紫琴はそんなに有名な人ではないですしね。それで、どうせなら私が校正を担当しようと思いました。ところが公開されると、私の校正漏れどころか、底本自体の誤植を指摘されてしまったわけですね」

今となっては、底本で使用した原稿自体の誤りか、活字を拾う段階で間違えたのか分か

『誤植読本』
高橋輝次編著、東京書籍、二〇〇〇年刊。校正・誤植をめぐる四七編からなるアンソロジー。作家、編集者等の種々誤植体験が面白くも怖ろしい。〈書物には誤植がある上に、原稿の誤書があり、文字の誤用がある。その上に内容の誤謬まで数えたら、大抵の書物は誤に充ち満ちていることになる。……支那の何という人だったか、書物の誤を考えながら読むのも、また読書の一適だといっている。〉（「誤植」森銑三より）

文選から下版まで
原稿に合わせ、活字ケースに整理された文字（活字）を拾う作業ないし、その専門職（文選工）を「文選」と呼ぶ。文選された活字は、指定された体裁（行間、文字の大きさ等）に合わせて並べ組む植字（植字工）に回される。その後、校正を経て完成した組版を印刷工程に回すことを「下版」と呼ぶ。

らないそうだ。ここで問題となるのは、青空文庫が校訂に踏み込むかどうかである。〝誤植〟は出版社側の単純なミスと見るのが普通だが、その特定は存外に難しい。著者の思い違いや誤記が編集者などの目に止まらなかった可能性もあるし、誤植に見えても、著者が意図したことも考えられる。誤植か否かを著者に確認できないとすれば、何を判断基準としたらいいのだろう。原稿や他の既発表出版物と照らし合わせる方法もあるだろうが、その入力した底本しか手に入らない場合はどうしたらいいのか。判断する側の知識不足によって、新たな誤植を生む可能性もあるのだから。

「もし〝宮沢賢治〟が〝宮沢憲治〟となっていたら、絶対に直さなければいけないとは思います。しかし、一体どこからが明らかな誤りと呼べるものなのでしょうか。ですから、誤植は直さなければいけないという思いも強いのですが、誤植があっても原則は『底本のまま』という考え方も、青空文庫では仕方ないかもしれません」

インターネットで出会って

松永さんは、〝作業ミス〟の心配はあろうとも、作品の校正をすることは楽しいと言う。そんな松永さんの青空文庫との出会いは、意外にも文学が好きだったからでも、組版の仕事をしていたからでもなかった。

「働いていたころは、定年退職したら好きなクラシック音楽を好きなだけ楽しもうと考えていたんです。ところが、退職した途端に片方の耳が突発性難聴になってしまって。そうなると、もう音楽を楽しむという感じじゃないんですね。ちょっと絶望しました」

そんなとき、今まで何とはなしに触っていたパソコンが道を開いた。

「家に息子のパソコンがあったんですが、やるのは簡単なゲームばかり。そのうちにインターネットが普及してきて、まだまだ電話代を気にしながらの接続でしたけれど、ホームページを見るようになった。そのころ、富田さんの書いた新聞記事が目について、青空文庫にアクセスしてみたんです」

そこでボランティア募集を見た松永さんは、応募メールを送ることになる。

「入力は、今でさえ一本指でポツポツと打つだけですから、まったく無理だと思いました。でも、校正なら手伝いができると思って、別に深い考え無しにです」

青空文庫が広げるもの

次に何を担当するのかも、松永さんにとっては楽しみなことだという。

「今、福田英子の自伝的な作品『妾の半生涯』を担当しているんですが、そこに大井憲太郎という人物が出てきます。この男は英子との間に子をもうけているのですが、清水紫琴とも関係しているんですね。このように、たとえ知らない作品を担当したとしても、新たな発見を青空文庫は与えてくれる。そこが面白いですね」

さらに松永さんは、作品データをダウンロードし、退職時にもらったゲラ用の紙にプリントして、自分なりの本をつくってしまう。

「最近では、自ら編者となって『菊池寛選集』をつくりました。それを本棚に並べているんですが、まだ読んでいない。製本すること自体が楽しいんですね、きっと」

青空文庫に出会っていなければ、おそらく定年後は味気ない生活になっていたと松永さんは言う。インターネットの時代になって、パソコンという道具が使えるのならば、簡単に自分の知らない世界へと入り込むことができる。そこには負の要素も多分に含まれるが、正の要素も果てしなく広がっている。

（新座市のご自宅にて　野口英司）

福田英子（ふくだ　ひでこ）
一八六五～一九二七年。自由民権家。のちに社会主義へと近づいた。同郷の紫琴とともに女権拡張に力を注いだ。『妾の半生涯』では、「泉富子（変名）」として紫琴が自分から大井憲太郎を奪ったと非難している。

大井憲太郎（おおい　けんたろう）
一八四三～一九二二年。自由党（一八八一年結党）左派の指導者。

ゲラ
ゲラ刷りの略。校正用に仮に刷ったもの。活版時代には、「ゲラ箱」という木箱に活字を組んでページを作成した。コンピュータ組版になっても、校正刷りをゲラと呼んでいる。

黒死館殺人事件

小栗虫太郎

序篇　降矢木一族釈義

聖《セント》アレキセイ寺院の殺人事件に法水《のりみず》が解決を公表しなかったので、そろそろ迷宮入りの噂《うわさ》が立ちはじめた十日目のこと、その日から捜査関係の主脳部は、ラザレフ殺害者の追求を放棄しなければならなくなった。と云うのは、四百年の昔から纏綿《てんめん》としていて、臼杵《うすき》耶蘇会神学林《ジェスイットセミナリオ》以来の神聖家族と云われる降矢木《ふりやぎ》の館に、突如真黒い風みたいな毒殺者の彷徨《ほうこう》が始まったからであった。その、通称黒死館と呼ばれる降矢木の館には、いつか必ずこういう不思議な恐怖が起らずにはいまいと噂されていた。勿論そういう臆測を生むについては、ボスフォラス以東にただ一つしかないと云われる降矢木家の建物が、明らかに重大な理由の一つとなっているのだった。その豪壮を極めたケルト・ルネサンス式の城館《シアトウ》を見慣れた今日でさえも、尖塔や櫓楼の量線からくる奇異《ふしぎ》な感覚——まるでマッケイの古めかしい地理本の挿画でも見るような感じは、いつになっても変らないのである。けれども、明治十八年建設当初に、河鍋暁斎《かわなべぎょうさい》や落合芳幾《おちあいよしいく》をしてこの館の点睛《てんせい》に竜宮の乙姫を描かせたほどの綺《きら》びやかな眩惑は、その後星の移るとともに薄らいでしまった。今日では、建物も人も、そういう幼稚な空想の断片ではなくなっているのだ。ちょうど天然の変色が、荒れ寂《さ》びれた斑《まだら》を作りながら石面を蝕《むしば》んでゆくように、いつとはなく、この館を包みはじめた狭霧《さぎり》のようなものがあった。

そうして、やがては館全体を朧気《おぼろげ》な秘密の塊としか見せなくなったのであるが、その妖気のようなものと云うのは、実を云うと、館の内部に積り重なっていった謎の数々にあったので、勿論あのプロヴァンス城壁を模したと云われる、周囲の壁廓ではなかったのだ。事実、建設以来三度にわたって、怪奇な死の連鎖を思わせる動機不明の変死事件があり、それに加えて、当主旗太郎《はたたろう》以外の家族の中に、門外不出の絃楽四重奏団《ストリング・カルテット》を形成している四人の異国人がいて、その人達が、揺籃の頃から四十年もの永い間、館から外へは一歩も出ずにいると云ったら……、そういう伝え聞きの尾に鰭《ひれ》が附いて、それが黒死館の本体の前で、鉛色をした蒸気の壁のように立ちはだかってしまうのだった。まったく、人も建物も腐朽しきっていて、それが大きな癌《がん》のような形で覗かれたのかもしれない。それであるからして、そういった史学上珍重すべき家系を、遺伝学の見地から見たとすれば、あるいは奇妙な形をした蕈《きのこ》のように見えもするだろうし、また、故人降矢木算哲《さんてつ》博士の神秘的な性格から推して、現在の異様な家族関係を考えると、今度は不気味な廃寺のようにも思われてくるのだった。勿論それ等のどの一つも、臆測が生んだ幻視にすぎないのであろうが、その中にただ一つだけ、今にも秘密の調和を破るものがありそうな、妙に不安定な空気のあることだけは確かだった。その悪疫のような空気は、明治三十五年に第二の変死事件が起った折から萌《きざ》しはじめたもので、それが、十月ほど前に算哲博士が奇怪な自殺を遂げてからというものは――後継者旗太郎が十七の年少なのと、また一つには支柱を失ったという観念も手伝ったのであろう――いっそう大きな亀裂になったかのように思われてきた。そして、もし人間の心の中に悪魔が住んでいるものだとしたら、その亀裂の中から、残った人達を犯罪の底に引き摺り込んででもゆきそうな――思いもつかぬ自壊作用が起りそうな怖れを、世の人達はしだいに濃く感じはじめてきた。けれども、予期に反して、降矢木一族の表面には沼気ほどの泡一つ立たなかったのだが、恐らくそれと云うのも、その瘴気《しょうき》のような空気が、未だ飽和点に達しなかったからであろうか。否、その時すでに水底では、静穏な水面と

工作員ファイル⑩

「黒死館殺人事件」を入力したロクス・ソルスさんに聞く

作品公開目指して

小栗虫太郎（おぐり　むしたろう・一九〇一～一九四六年）の黒死館殺人事件（こくしかんさつじんじけん）について――昭和初期の探偵小説ブーム立役者による密室殺人事件小説。難解と言われる。青空文庫では、まだ校正待ち未公開。

いつまでも作業中の「黒死館」

青空文庫の〔作業中の作品〕リストを見ていて、ロクス・ソルスさんにはいつも気になることがあった。それは、小栗虫太郎の代表作である『黒死館殺人事件』がいつまで経っても入力中のままであることだった。作業開始日から、かれこれ四年が過ぎている。一体いつになったら公開されるのだろう――青空文庫を訪ねるたびに、それを思った。

「『黒死館殺人事件』の入力が大変なことは分かっています。ヘブライ文字に梵字に、楽譜や図版などもたくさん出てきますからね。しかし、あまりにも時間がかかりすぎているので、どの程度まで作業がすすんでいるのかとても気になりました」

青空文庫では、入力や校正の作業に対して完了の締め切りを設けていない。だから、自分のペース配分で作業をすすめることができる。反面、その自由さが仇となって作業中のまま、いたずらに長い時間が経つ場合もある。そして、そのまま作業担当者と音信不通になることさえある。

「もし、入力に苦しんでいるのならば手伝えるのではないかと考えました。でも、青空文庫の入力がどういうものか理解していなかったので、まずは短い作品、小栗虫太郎の『方子と末起』を入力してみようと思いました」

これなら行ける、と感触を摑んだロクス・ソルスさんは、作業の引き継ぎを申し出ることが可能かどうか、青空文庫に問い合わせてみた。

「まず、青空文庫の世話人が、現在の入力担当者に向けて、作業を引き継ぎたい人がいるがどうするか、という主旨のメールを出すということでした。もし、そのメールが不達になるようだったら、青空文庫のお知らせ〔そらもよう〕と掲示板〔みずたまり〕で、同じ内容の告知をする。そして、その返事を一ヵ月間待つというのです。指折り数えましたね。けれど、告知から一月経っても、青空文庫からは何も連絡がなかった。それで、こちらから催促のメールを送ってしまいました」

読書の楽しみ、校正の苦しみ？

結局、『黒死館殺人事件』の入力を引き継いだロクス・ソルスさんは、ＯＣＲを使って半年ほどで入力を完了させる。想像していたとおり大変な作業だったが、特に青空文庫へ送る前に行なう内校には苦しんだという。

「校正に自分の好きな作品を選んだ場合、少なくとも一度は読んでいるわけですから、その作品のどこに魅力を感じて好きになったか分かっているわけです。しかし、底本と比べながら入力テキストの間違えを探すという行為は、その魅力を受けとめながら読んでいては校正になりません。魅力を知っていながら、それを楽しんではいけない。それは一種の拷問ですよね」

青空文庫の校正とは、底本と入力データを同じものにしていく作業である。一字一句異なってはならないという原則に従うためには、ひたすら文字面を追う必要がある。お気に入りの箇所を味わったり、作者や作品に思いを巡らすことは、その作業の邪魔でしかない。「青空工作員が校正を申し出る場合、自分の好きな作品を選びがちだと思います。私の経験から言えば、むしろ予備知識のない作品を選んだほうがいいかもしれません」

たしかに校正は、〝読書の楽しみ〟というところからは程遠い。その代わり、〝校正の楽しみ〟があると思うのだが。ちなみに、ロクス・ソルスさんの入力した『黒死館殺人事件』の校正を申し出る工作員は未だ現れていない。

松山俊太郎の講演をきっかけに

ロクス・ソルスさんが『黒死館殺人事件』を意識したのは、松山俊太郎の講演を聞いたことがきっかけだった。亡くなった澁澤龍彥の思い出を語る講演だった。

「松山さんの講演中、『黒死館殺人事件』の校訂が長年の夢だったという話がとても印象に残っていて、以前に読んではいたのですが、さらに興味が湧いていったのです」

この本は、作者自らの間違えが多く含まれているうえ、雑誌連載とその単行本化、戦後相次いだ出版各社からの刊行で、多くの版ができあがってしまっている。その整理を松山が行なったのだった。それは、ロクス・ソルスさんが入力時に使った現代教養文庫『黒死館殺人事件』（一九七七年、社会思想社）の解題として実現している。

「『黒死館』の博覧的な内容が気に入ったのだと思います。僕は、ハンドルネームにした『ロクス・ソルス』を大学の研究テーマにしたくらいなので、俗に奇書と呼ばれる作品が好きなのかもしれません」

松山俊太郎（まつやま　しゅんたろう）
一九三〇年東京生まれ。インド学研究者。『澁澤龍彥全集』の解題も行なっている。現代教養文庫『黒死館殺人事件』では、校訂とも呼べる作業を行っているが、校訂者としては明記されていない。

『ロクス・ソルス』
レーモン・ルーセル著、岡谷公二訳。一九八八年ペヨトル工房刊。二〇〇四年には「平凡社ライブラリー」として再刊された。
（ブルトンが熱讃し、レリスが愛し、フーコーがその謎に魅せられた、言葉の錬金術師レーモン・ルーセル。言語遊戯に基づく独自の創作方法（プロセデ）が生み出す驚異のイメージ群は、ひとの想像を超える。
——パリ郊外はモンモランシー、天才科学者カントレルの奇想の発明品が並ぶ広大なロクス・ソルス荘へ、いざ、——。）（平凡社ライブラリー版・カバーより）

青空文庫は出版社の敵か

近年、書店で見かけなくなった虫太郎作品。この『黒死館殺人事件』の底本も版元倒産の憂き目にも遭っている。とても万人受けするとは言えないが、こんな不思議な世界が描きだされた書物があったことを知ってもらうためにも入力したと話すロクス・ソルスさん。

「いつしか青空文庫に『黒死館殺人事件』が公開されて、そしてそれに興味を持つ人が現れてくれたのなら、一度は書店や古本屋で実際の本を手に取ってもらいたいですね」

青空文庫は、作品をタダで提供する。この一側面だけを捉えるならば、青空文庫が書籍の売り上げを奪っていると言われてもしかたがない。しかし、果たしてそうなのだろうか。

「音楽CDの場合、P2Pによるファイル交換によって、かえって売り上げが伸びているという報告もあります。青空文庫の場合も、テキストを読んでその作品が気に入ったのならば、製本された紙の本が欲しくなると思いますね。普段はあまり本を読まないような人に、その作品の存在を知らしめている部分もあって、ネット公開は一種の宣伝になるんじゃないでしょうか」

書店の棚は限られているのに、次々と刊行される書籍。ますます過去の作家は隅に追いやられ、いつしか古本屋でしか見かけなくなる。このような現状において、青空文庫の存在意義は出版社にとっても案外大きいのではないか。

「久生十蘭も入力したいんです。書店で見かけなくなっていますしね。公開が可能なのは二〇〇八年です。もっとも、著作権の保護期間が延びなければの話ですが」

ロクス・ソルスさんのような人たちがいれば、忘れられた作家が再び注目される日も来るかもしれない。

(茅ヶ崎「茅ヶ崎珈琲店」にて　野口英司)

版元倒産
二〇〇二年六月、現代教養文庫シリーズで知られる社会思想社が倒産。『菊と刀』『ルーツ』といったベストセラーのほか、ファンタジー本・ゲーム本などさまざまな分野の本を出し、ファンも多かった。

P2P
ピア・ツー・ピア（Peer to Peer）のこと。中心となるサーバー・コンピュータを必要とせず、ネットを通してローカル・コンピュータ間でデータのやり取りをする技術のこと。またはそのソフトウェアのこと。ソフトウェアには、WinMXやWinnyなどがある。

売り上げが伸びているという報告
http://www.bittorrent.jp/archives/special/000239.php

久生十蘭（ひさお　じゅうらん）
一九〇二〜一九五七年。演劇畑から作家になり、探偵小説などを書くが、従来の枠に捕らわれることなく〝異端作家〟とも呼ばれる。

作品ファイル・データ

青空文庫作成ファイル＝このファイルは、インターネットの図書館、青空文庫（http://www.aozora.gr.jp/）で作られました。入力、校正、制作にあたったのは、ボランティアの皆さんです。

1
「余が言文一致の由来」 二葉亭四迷
底本＝「二葉亭四迷全集第五巻」岩波書店
入力＝岡島昭浩 校正＝小林繁雄

2
「機械」 横光利一
底本＝「定本 横光利一全集 第三巻」河出書房新社
入力＝佐藤和人 校正＝かとうかおり

3
「藍色の蟇」 大手拓次
底本＝世界の詩28「大手拓次詩集」彌生書房
入力＝湯地光弘 校正＝丹羽倫子

4
「嘘をつく日」 水野仙子
底本＝「現代日本文學全集85『大正小説集』」筑摩書房
入力＝小林徹 校正＝野口英司

5
「源氏物語 夕顔」 紫式部、与謝野晶子訳
底本＝「全訳源氏物語 上巻」角川文庫、角川書店
入力＝上田英代 校正＝小林繁雄、鈴木厚司

6
「半七捕物帳 湯屋の二階」 岡本綺堂
底本＝「時代推理小説 半七捕物帳（一）」光文社文庫、光文社
入力＝tatsuki 校正＝小林繁雄

7
「やきもの読本」 小野賢一郎
底本＝「増補やきもの読本」宝雲舎
入力＝小野岳史 校正＝小林繁雄

8
「探偵小説アルセーヌ・ルパン」 EDITH AU COU DE CYGNE
モーリス・ルブラン Maurice Leblanc 婦人文化研究会訳
底本＝「【婦人パンフレット第八輯】アルセーヌ・ルパン」婦人文化研究會
入力＝京都大学電子テクスト研究会入力班（山本貴之）
校正＝京都大学電子テクスト研究会校正班（大久保ゆう）

9
「一青年異様の述懐」 清水紫琴
底本＝「紫琴全集 全一巻」草土文化
入力＝門田裕志、小林繁雄 校正＝松永正敏

10
「黒死館殺人事件」 小栗虫太郎
底本＝「黒死館殺人事件」現代教養文庫、社会思想社
入力＝ロクス・ソルス 青空文庫未公開

青空文庫

公開中作家リスト

(2005年9月19日現在)
( )の数字は公開中の作品数
*著作権存続

あ行

青木 栄瞳 (1) *
秋田 滋 (3)
秋野 平 (1) *
芥川 竜之介 (240)
朝倉 克彦 (1) *
阿部 徳蔵 (1)
アミーチス エドモンド・デ (1)
アルチバシェッフ ミハイル・ペトローヴィチ (2)
有島 武郎 (30)
淡島 寒月 (12)
アンデルセン ハンス・クリスチャン (5)
アンドレーエフ レオニード・ニコラーエヴィチ (1)
イエイツ ウィリアム・バトラー (2)
生田 春月 (1)
池田 菊苗 (1)
池谷 信三郎 (1)
池宮城 積宝 (1)
石川 啄木 (22)
石田 孫太郎 (1)
石橋 忍月 (2)
石原 莞爾 (1)
泉 鏡花 (70)
泉 鏡太郎 (2) (→泉 鏡花)
板倉 勝宣 (4)
伊丹 万作 (1)
市川 陽 (1) *
市島 春城 (1)
伊藤 左千夫 (8)
伊東 静雄 (2)
伊藤 野枝 (6)
井上 紅梅 (9)
今井 邦子 (1)
岩波 茂雄 (1)
岩野 泡鳴 (5)
岩本 良子 (1) *
巌谷 小波 (2)
ウィード グスターフ (2)
上田 敏 (2)
上村 松園 (8)
植松 真人 (11) *
ヴォルテール (1)
内田 魯庵 (10)
内村 鑑三 (9)
海野 十三 (128)
大久保 ゆう (3) *
大阪 圭吉 (6)
大杉 栄 (11)
大槻 文彦 (1)
大手 拓次 (2)
オー・ヘンリー (3)
大町 桂月 (1)
丘 丘十郎 (5) (→海野 十三)
尾形 亀之助 (2)
岡本 一平 (1)
岡本 かの子 (69)
岡本 綺堂 (134)
荻原 守衛 (1)
小熊 秀雄 (14)
小栗 虫太郎 (12)
尾崎 紅葉 (2)
尾崎 放哉 (2)
尾崎 秀実 (1)
小山内 薫 (1)
小沢 真理子 (2) *
押川 春浪 (2)
織田 作之助 (14)
小野 賢一郎 (1)
小野 浩 (1)
折口 信夫 (49)

か行

カーター ジミー (1) *
ガールシン フセヴォロド・ミハイロヴィチ (1)
海若 藍平 (9) (→夢野 久作)
かぐつち みどり (1) (→夢野 久作)
香倶土 三鳥 (3) (→夢野 久作)
葛西 善蔵 (3)
梶井 基次郎 (41)
片岡 鉄兵 (1)
katokt (5) *
金子 ふみ子 (1)
狩野 亨吉 (4)
加能 作次郎 (2)
加福 均三 (1)
上司 小剣 (1)
嘉村 礒多 (4)
瓶井 めぐみ (1) *
鴨 長明 (1)
枯葉 (5) *
カワード ノエル (1) *
河上 肇 (5)
河東 碧梧桐 (1)
観世 左近 二十四世 (1)
蒲原 有明 (3)
木内 高音 (1)
菊池 寛 (45)
菊池 美範 (1) *
岸田 国士 (24)
岸田 劉生 (1)
北 一輝 (1)
北畠 尊也 (1) *
北原 白秋 (8)
北村 透谷 (20)
紀 貫之 (1)
木下 尚江 (1)
木下 杢太郎 (6)
キプリング ラデャード (2)
金 史良 (4)
桐生 悠々 (5)
瞿 佑 (1)
九鬼 周造 (7)
久坂 葉子 (6)
クスミン ミカイル・アレクセーヴィチ (1)
楠山 正雄 (49)
国枝 史郎 (34)
国木田 独歩 (30)
クラウフォード フランシス・マリオン (1)
倉田 百三 (11)
クラルテ ジュール (1)
グリーン ジェイムズ (1) *
栗林 元 (1) *
グリム ヴィルヘルム・カール (10)
グリム ヤーコプ・ルードヴィッヒ・カール (10)
クリントン ビル (1) *
黒岩 涙香 (2)
黒木 舜平 (1) (→太宰治)
黒島 伝治 (19)
黒田 清輝 (1)
桑原 一世 (1) *
桑原 隲蔵 (19)
ケネディ ジョン・フィッツジェラルド (1) *
小泉 節子 (1)
小泉 英政 (2) *
小泉 八雲 (3)
小出 楢重 (4)
甲賀 三郎 (5)
幸田 露伴 (32)

幸徳 秋水（4）
高良 とみ（1）＊
ゴーゴリ ニコライ（3）
ゴーチェ テオフル（1）
ゴーリキー マクシム（1）
小酒井 不木（8）
小島 烏水（13）
小中 千昭（2）＊
小葉 武史（1）＊
小林 多喜二（10）
小舟 勝二（1）
コロレンコ ウラジミール・ガラクティオノヴィチ（1）

さ行

斎藤 茂吉（16）
斎藤 緑雨（1）
西府 章（3）＊
堺 利彦（7）
坂本 竜馬（1）
佐左木 俊郎（28）
佐々木 直次郎（8）
佐々木 味津三（53）
佐藤 惣之助（1）
里村 欣三（2）
佐野 昌一（9）（→海野 十三）
佐野 良二（5）＊
サマン アルベール（1）
沢田 正二郎（1）
三文字屋 金平（1）（→内田 魯庵）
三遊亭 円朝（12）
ジェファーソン トマス（1）
柴田 流星（1）
島木 健作（6）
島崎 藤村（32）
清水 紫琴（13）
清水 哲男（4）＊
清水 鱗造（3）＊
釈 迢空（1）（→折口 信夫）
シュヴァルツ エフゲーニイ（1）＊
十一谷 義三郎（1）
シュニッツレル アルツール（1）
ジョンソン リンドン（1）＊
素木 しづ（11）
白田 秀彰（6）＊
白鳥 庫吉（1）
新青年編輯局（1）
スウィフト ジョナサン（2）
末弘 厳太郎（2）
須川 邦彦（1）
菅原孝標女（1）
杉田 久女（4）
杉山 萠圓（3）（→夢野 久作）
鈴木 梅太郎（1）
鈴木 行三（12）＊
鈴木 志郎康（2）＊
鈴木 三重吉（8）
薄田 泣菫（34）
薄田 淳介（1）（→薄田 泣菫）
スティーブンソン ロバート・ルイス（2）
ストールマン リチャード（1）＊
ストックトン フランシス・リチャード（1）
ストリンドベリ アウグスト（1）
関 寛（1）
関 富士子（1）＊
関根 金次郎（1）
相馬 愛蔵（1）
相馬 泰三（1）
添田 唖蝉坊（1）
sogo（2）＊

た行

高瀬 泰司（1）＊
高田 保（1）
高野 敦志（1）＊
鷹野 つぎ（3）
高橋 悠治（1）＊
高村 光雲（1）
高山 樗牛（5）
竹内 勝太郎（1）
武田 麟太郎（6）
竹久 夢二（6）
タゴール ラビンドラナート（1）
太宰 治（192）
田沢 稲舟（1）
立花 実（1）＊
立原 道造（4）
田中 貢太郎（107）
田中 早苗（1）
田中 正造（5）
田中 英光（3）
谷 譲次（13）（→林 不忘）
種田 山頭火（3）
田畑 修一郎（5）
田宮 まや（1）＊
田山 花袋（13）
弾 射音（1）＊
談洲楼 燕枝 二代（1）
ダンテ アリギエリ（2）
チェーホフ アントン（2）
チェスタートン ギルバート・キース（3）
近松 秋江（6）
チリコフ オイゲン（1）
陳 玄祐（1）
塚原 渋柿園（1）
塚原 蓼洲（1）（→塚原 渋柿園）
東原 和多志（1）＊
辻 潤（13）
辻村 伊助（1）
土田 杏村（2）
綱島 梁川（2）
津野 海太郎（2）＊
坪内 逍遥（2）
津村 信夫（3）
鶴岡 雄二（5）＊
ツルゲーネフ イワン（1）
ディケンズ チャールズ（3）
テニソン アルフレッド（1）
デフォー ダニエル（1）
寺田 寅彦（239）
土井 晩翠（1）
ドイル アーサー・コナン（17）
峠 三吉（1）
戸川 秋骨（1）
戸川 明三（3）（→戸川 秋骨）
徳田 秋声（12）
徳冨 健次郎（1）（→徳冨 蘆花）
徳冨 蘆花（6）
徳永 真一（1）＊
戸坂 潤（15）
ドストエフスキー フィヨードル・ミハイロヴィチ（1）
とだけん さくが（1）（→夢野 久作）
富岡 誠（1）（→中浜 哲）
富田 倫生（3）＊
豊田 勇造（3）＊
ド・ラ・ラメー マリー・ルイーズ（1）
トルストイ レオ（2）

な行

内藤 湖南（34）
直木 三十五（12）
中井 正一（18）
長尾 高弘（4）＊
永崎 貢（1）
中里 介山（46）
中島 敦（25）
中島 孤島（2）
長塚 節（32）
中戸川 吉二（1）
中浜 哲（1）
中原 中也（2）
夏目 漱石（97）
南部 修太郎（20）
新美 南吉（63）
ニクソン リチャード（1）＊
西川 光男（2）＊
西田 幾多郎（8）
日本童話研究会（1）
能美 武功（13）＊
野上 豊一郎（2）
野口 雨情（13）
野口 米次郎（1）
野呂 栄太郎（17）

は行

バーネット フランシス・ホジソン・エリザ（1）
萩原 朔太郎（24）
橋本 五郎（2）
橋本 進吉（3）

長谷 悟（1）＊
長谷川 時雨（27）
長谷川 集平（6）＊
畑仲 哲雄（1）＊
浜尾 四郎（4）
浜田 青陵（6）
浜野 サトル（1）＊
林 不忘（8）
林 芙美子（41）
葉山 嘉樹（9）
早見 秋（3）＊
原 勝郎（4）
原 民喜（51）
バリジェームス・マシュー（2）
ビアス アンブローズ（1）
樋口 一葉（14）
久森 謙二（1）＊
翡翠（1）＊
平井 肇（3）
平出 修（8）
平田 剛士（1）＊
平田 禿木（1）
平野 万里（1）
平林 初之輔（14）
平山 蘆江（1）
ピランデルロ ルイジ（1）
ヒルシュフェルド ゲオルヒ（1）
広津 柳浪（1）
フィッツジェラルド フランシス・スコット（1）
プーシキン アレクサンドル S（1）
福沢 諭吉（1）
福田 英子（2）
藤井 貞和（2）＊
藤下 真潮（4）＊
藤島 武二（1）
藤本 和子（1）＊
婦人文化研究会（1）
二葉亭 四迷（10）
ブッシュ ジョージ（1）＊
ブッシュ ジョージ・ウォーカー（1）＊
冬 佳彰（2）＊
プラトン（1）

フランス アナトール（2）
ブレイク ウィリアム（2）
別所 梅之助（1）
逸見 猶吉（1）
萠圓（1）（→夢野 久作）
萠圓山人（1）（→夢野 久作）
北条 民雄（5）
ポー エドガー・アラン（8）
ホーソーン ナサニエル（2）
北陸の子供たち21名（1）＊
細井 和喜蔵（2）
穂積 陳重（1）
ホフマン エルンスト・テオドーア・アマーデウス（1）
堀 辰雄（28）
堀口 九万一（1）
本庄 陸男（4）

ま行

牧 逸馬（6）（→林 不忘）
牧野 信一（7）
マクドナルド ジョージ（1）
正岡 子規（26）
増田 雅子（1）
町野 修三（3）＊
松平 維秋（1）＊
松永 延造（3）
松濤 明（4）
松本 泰（3）
マルサス トマス・ロバート（2）
マロ エクトール・アンリ（2）
三浦 久（1）＊
三上 於菟吉（9）
三木 清（2）
三島 霜川（6）
水谷 まさる（1）
水野 仙子（15）
水野 葉舟（8）
三鳥山人（1）（→夢野 久作）
南方 熊楠（6）
水上 滝太郎（16）
三宅 幾三郎（1）
宮沢 賢治（98）

宮武 外骨（1）＊
宮原 晃一郎（13）
宮本 百合子（1021）
村井 政善（1）
村山 槐多（2）
紫式部（57）
モーパッサン ギ・ド（5）
森 鷗外（79）
森 林太郎（23）（→森 鷗外）
森田 草平（2）
森野 光（3）＊
森本 薫（2）
文部省（1）

や行

八木 重吉（2）
矢田 津世子（2）
藪野 椋十（1）
山形 浩生（3）＊
山川 登美子（1）
山川 丙三郎（2）
山中 貞雄（5）
山村 暮鳥（3）
山本 勝治（1）
山本 宣治（1）
山本 洋（2）＊
山本 光夫（1）＊
山本 ゆうじ（5）＊
結城 浩（7）＊
夢野 久作（94）
横瀬 夜雨（7）
横光 利一（38）
与謝野 晶子（113）
与謝野 寛（9）
与謝野 礼厳（1）
吉江 孤雁（1）（→吉江 喬松）
吉江 喬松（4）
吉田 秀夫（3）
吉野 作造（1）
吉野 孝雄（1）＊
吉行 エイスケ（12）

ら行

ラティガン テレンス（9）＊
蘭 郁二郎（1）
リカードウ デイヴィッド（1）
リットン エドワード ジョージ アール ブルワー（1）
リルケ ライネル・マリア（3）
ルヴェル モーリス（1）
ルター マルチン（1）
ルブラン モーリス（1）
ルモンニエー カミーユ（1）
レイモンド エリック（3）＊
レーガン ロナルド（1）＊
レニエ アンリ・ド（2）
魯迅（9）

わ行

ワイルド オスカー（2）
若杉 鳥子（13）
若松 賤子（1）
若山 牧水（62）
渡辺 温（18）
ワタナベ オン（1）（→渡辺 温）

3章

「天に積む宝」のふやし方、へらし方

富田倫生
*
著作権保護期間延長が青空文庫にもたらすもの

はじめに

青空文庫に収録された著作権切れ作品は、誰もが、世界のどこからでも自由に引き落とし、さまざまに活用できる。二〇〇五年一〇月で、その数は四九〇〇点を越えた。当初想定していたパソコンでの利用に加え、作品は、携帯電話やゲーム機、各種の小型電子機器でも読まれるようになった。視覚障碍者は、音声に変換して聞く。点字の元データとしても、ファイルは使われる。一九九七年夏の開設から八年、青空文庫の収録作品数は増え続け、利用の裾野は確実に広がってきた。

その青空文庫の行く手に、黒雲が広がっている。著作権法は、作者の死後五〇年まで、作品の利用に関する権利を保護すると定めている。この期間を過ぎれば、誰にもことわらずに作品を電子化してインターネットで公開できる。その規定を、七〇年にあらためようとする歯車が回り始めた。

表現は本来、誰かが触れて、学んだり楽しんだりしても、へることも、損なわれることもない。広く受容されることだけに目標を絞って良いのなら、自由な利用にまかせておけばそれでよい。「ならば、作者が死んでもはや権利保護が創作の励ましとならなくなった時点では、縛りを外して利用を促そう」死後五〇年で権利を切ることに、著作権制度は、こんな期待を込めてきた。その願いは、長く空念仏に終わってきたが、ファイルの複製と移動のコストを激減させるコンピュータ技術と結び付いて、手応えのある現実に変わった。保護期間を七〇年に延ばす選択は、インターネットが普及して、まさに今、花開きつつあるデジタル・アーカイブの可能性を制約してしまう。

1　育ち始めた公有作品テキストの樹

青空文庫をはじめて紹介したのは、一九九七年夏の、大山だった。

鳥取の今井書店で「代表社員社長」を名乗る永井伸和さんは、出版人と読者の双方に活用される、「本の学校」を設立したいと考えていた。開校予定は、二〇〇〇年。この目標に向けて、同名のシンポジウムが、一九九五年から五年連続で企画された。第三回となったこの年のテーマは、「本と読書の未来」にすえられ、書籍のデジタル化が論議されると聞いた。

本の電子化には、興味があった。パソコンで作る本なら、作業は自分で担えるし、複製にもほとんどコストがかからない。電子ガリ版のような、敷居の低い、身近なメディアとなって、出版社、印刷所、取り次ぎ、書店と、何につけ大がかりになる紙の出版からこぼれ落ちる要素を、補えるのではないかと思った。

一九九〇年代初頭からボイジャーが提供し始めたエキスパンドブックという作成ソフトで、実際に電子本もつくってみた。絶版になった自分の本を仕立て直すところから始め、動画や音、インターネットへのリンクを組み込むといった、新しい工夫にも手を染めた。この年の三月には、電子化でどんな可能性が開けるかをテーマとした、『本の未来』という書籍を、アスキーから出したばかりだった。

『本の未来』を書き上げて間もなく、当時ボイジャーにいた野口英司さんと、エキスパンドブックを使って電子図書館のようなものがつくれないか、話し始めた。

標準形式ファイルへの転換

電子図書館的なシステムを思い描くとき、当時、まず頭に浮かんだのは、画面で長文を読むことの苦痛だった。インターネットの普及で、作品ファイルを、どこにでも、すぐに、コストを気にせず送れるようになった。だが、画面で読むのが辛いのでは、しょうがない。読みやすく処理した文字による縦組みの本文を、ページをめくりながら読めるエキスパンドブックなら、この壁を越えられるのではないかと思った。

最も基本的で、それゆえ長く使い続けられるだろうテキスト版と、ウェッブブラウザーですぐに読めるＨＴＭＬ版も、作品毎に用意する。だが、本命はエキスパンドブック版。ルビと呼ばれる振り仮名の処理や、表紙の準備などが面倒で、作成には時間がかかったが、「コンピュータでも作品は読める」と実感してもらうためには、この手間はかけざるを得ないと考えていた。

青空文庫を訪れる人が少しずつ増え始めた、一九九七年の秋、視覚障碍者読書支援協会（ＢＢＡ）のメンバーであるという堀之内修さんから、「自分のページにリンクさせてもらった」とのメールがとどいた。堀之内さんのページからたどって、ＢＢＡのサイト[★1]を開くと、「弱視者を含めた視覚障碍者全般の読書を支援するために点訳・音訳・拡大訳の3分野の活動を全て統合的に推進しています。特に、今まで社会から忘れられていた、弱視者への拡大写本作りに活動の重点をおいています。」と活動目的が掲げられていた。

示された作業の流れを見ると、多くが、青空文庫のものと重なり合っていた。

まず、参照する紙の本の中味をそのまま電子化した、「原文データ」を作る。青空文庫で、テキスト版と呼んでいるものだ。ここから、点訳、音訳、拡大訳の三つの道筋を付けていく。

一つ目の点訳とは、文章を点字に置き換える作業を指す。もともと点字化は、先に針の付いた点筆や点字タイプライターを使って、手作業で進められてきた。それが、パソコンの普及に連れて点訳用のソフトが開発され、利用されるようになった。点字は、分かち書きされる。そこであらかじめ、入力する文章に、切れ目のしるしを入れておく。続いて点訳用のソフトを使って、五十音を表す、点字データを入力する。校正を経て完成したデータを、点字プリンターにかけて打ち出す。こうした一般的なパソコン点訳の流れに対して、BBAの作業フローは、漢字仮名交じりの原文データをコンピュータに変換させ、少ない手間で直接点字データを得ようとする形で描かれていた。

二つ目の音訳は、文章を音声データに変換することをいう。朗読が、読み手の表現としての性格をもつのに対し、音訳では、読み手の解釈や感情表現は、排除することが求められる。従来は人が読んだものを録音する形だけだったが、パソコンに読ませる形が加わった。BBAでは、原文データを機械に読ませる流れを想定していた。

三つ目の拡大訳は、弱視者のための読書支援で、BBAはこの分野に重点的に取り組んでいるという。日本の視覚障碍者は、およそ三〇万人。この内、「見えない」全盲の一〇万人に対して、「見えにくい」弱視が二〇万人に及ぶ。

全盲に対する読書支援は、点訳や音訳によって、充分からはほど遠いものの行われてきた。ところが、多数派の弱視者に対する支援は、これまで手薄になってきたらしい。大きな文字による拡大写本作りは、もっぱら手書きに頼ってきたのが実状で、ボランティアの数も、点訳や音訳に比べれば、はるかに少なかった。BBAは、支援の手が薄かったこの分野を、コンピュータを活用して補おうと考えていた。書籍の紙面をレイアウトするソフトに原文データをかけて、大きな文字で印刷し、製本する。加えて、文字を拡大表示するソフトを使い、弱視者にパソコンの画面で読んでもらう流れが示されていた。

それ一つ取ってみれば、テキストは味も素っ気もない基本ファイルだ。エキスパンドブックのような魅力は、かけらも存在しない。ただ、最も基本的であるがゆえに、どんな環境でも、先々長く操作できる確実性がある。その退屈なテキストの向こうに、コンピュータによる処理を想定して、さまざまな利用に繋げていこうとする発想に、虚を突かれた。

協会の勉強会に出席した野口さんが、BBA代表の浦口明徳さんから、おみやげをもらってきた。「原文入力ルール」と名付けられた、作業マニュアルだった。

青空文庫をのぞいた人からは、当時すでに「作業を手伝おう」と声がかかり始めていた。そう言われてはじめて、入力や校正の作業を、実際にどう進めるのか、自分たちがはっきり決めていないことに気付いた。設立を準備した呼びかけ人の意識は、大きくエキスパンドブックに傾いていた。この電子本の作り方なら、しっかり頭に入っている。テキストは、これを作るために一度だけ使う、素材と見なしているところがあった。

だが、協力を申し入れた人が作業成果としてまとめるのは、テキストだ。テキスト作成上の疑問は、問いただしたくなって当然。現れ始めた協力者から、何度か同じような質問を受けて、「作業方針に関して決められることは決めて、マニュアルにしておくしかない」と感じ始めていた。

最優先の課題として意識していた青空文庫の作業マニュアルは、BBAの原文入力ルールにそってまとめることにした。二度の改訂を経て練り上げられたBBAのマニュアルは、私たちが検討するべき要素の多くに、すでに答えを出していた。これにそっておけば、青空文庫のテキストを、BBAが想定している、点訳、音訳、拡大訳の三つの流れにのせて、視覚障碍者の読書支援に活用してもらえるのではないかという期待もあった。

「書式や体裁にこだわらず、内容を伝える」ことを優先するBBAに対して、青空文庫は「底本の保存」を重視した。そのため、普通のパソコンで入力できない文字（以下、「外字」と書く）の処理など、一部に異なった作業方針も選ぶことになった。だが、入力者注に用いる記号、ルビ記号、ルビの付く文字列の始まりを特定する記号などは、原文入力ルールにそのままならった。

作業マニュアルの初期バージョンは、一九九七年の一二月初頭に公開した。「この作品を入力したいのだけれど、作者の著作権は切れているだろうか」という問い合わせも、繰り返し寄せられていたため、作業マニュアルに合わせて、「著作権の消滅した作家名一覧」と名付けたリストを用意した。

本来なら、開設時に準備してしかるべきマニュアルや資料がようやくそろい始めると、作業協力の申し入れはさらに増え出した。

一九九八年二月末、芥川龍之介の作品を中心に、当時の我々の感覚からすれば、恐ろしいほどの勢いで入力ファイルを送ってくれる人が現れた。与謝野晶子訳『源氏物語』の提供申し入れもあって、こうした大量のファイルをどうやって校正し、公開に結びつければよいものか、呆然と立ちつくすような気分を味わった。そんな同年の五月、新しいＪＩＳ漢字コードの策定作業にあたっていた芝野耕司さんから、「青空文庫の作業の中で見つかった外字の情報を、まとめて提供してくれないか」と連絡をもらった。

一般のパソコンで使える漢字は、ＪＩＳ Ｘ ０２０８という規格で決められた、第一水準第二水準の範囲のものだ。これに追加する、第三水準第四水準を決める新しい規格では、実際に日本語の文献の中で使われた実績があることを要件とし、使用頻度も勘案しながら文字を選んでいくという。策定チームは、小学校から高校までの教科書や、ＮＴＴ電話帳、地名に関する行政資料、現行法令、文部省学術用語集をはじめさまざまなソースをカバーして文字選定を進めていたが、文学に関しては、より広範な資料にあたってデータを取りたいと考えていた。

文字コードの策定といった、コンピュータ社会の基礎を固めるような作業にも、青空文庫の作業成果を生かせると教えられたことは、視覚障碍者の読書支援に続く驚きであり、励ましだった。

資料提供に際しては、「どんな外字が、どの本に収録されているなんという作品の何ページ、何行目に出てくるか」を確認し、「その字が、どの漢和辞典のどの項目で確認できるか」という情報をそえることを求められた。入力の際に参照した「底本」の情報を明示することは、作品ファイルを情報源として利用する際には、必須の条件となると意識した。

その時点で公開できていた、ごくわずかな作品を対象として資料をまとめ、取りあえず提出したが、サンプル数の余りの少なさが気になった。急増し始めた入力ファイルを素速く公開まで進められれば、より意味のある資料になるのにと、悔しさが残った。収録作品に使われている外字を新しい規格に取り入れてもらえれば、将来はそれらを通常の文字として扱うことができるだろう。外字に関する情報をできる限り集め、採録候補として送り込めれば、めぐりめぐって、青空文庫のファイルを使いやすいものにできるとも考えた。

後にＪＩＳ Ｘ ０２１３と名付けられる規格の第三水準第四水準漢字原案は、一九九八年一二月に示され、翌一九九九年二月末を締め切りとして公開レビューが行われることになっていた。この公開レビュー締め切り時点を目標に、青空文庫からの外字情報提供を継続できないか道を探った。トヨタ財団からの支援を受けて公開のペースを早め、より多くのサンプルを確保して、作業を継続することにした。

公有テキストの樹としての青空文庫

青空文庫を準備した者は、エキスパンドブックの読みやすさを信じていた。

だが、社会に向けて扉を開いたとたん、作品ファイルにはさまざまな可能性があることを教えられ、幅広い用途に活用していく上では、標準形式を取ることが有利であると意識した。

編集やコンピュータに対する知識や経験を異にし、顔を合わせたこともなく、気心も知れない者が協力して入力、校正を進めていく上では、なにを重視して作業を進めるかを明確にし、合理的と思える作業方針を選んでマニュアル化することが不可欠であると、突きつけられた。

標準形式のものを同じ処理手順で蓄積していくことは、本来、さまざまな活用の可能性を秘めているコンピュータ・ファイルの利用価値を最大化する王道であることを、青空文庫を準備した者は、ファイルを利用しようとする人、作業に協力しようと申し出る人との出会いを通じて、繰り返し教えられた。

二〇〇二年五月七日の登録分から、青空文庫はエキスパンドブックの提供を取りやめた。この方針転換は、そうした体験の総決算だった。

この仕切りなおしに至るまで、HTML版に関しては、どの規格に従って作るといった方針を定めてはいなかった。一般のウェッブブラウザーで読めれば良いといった認識で、作る人によっても、どのようにしつらえるか、どのルールにどこまでそうかといった点でばらつきがあった。青空文庫となじみの深い、ボイジャーの表示ソフトだけが解釈できるルビ記号を、HTML版中に用いることも行っていた。

仕切り直し後は、ウェッブページの約束事を定めているW3C（World Wide Web Consortium）の勧告XHTML1.1にそった形式を選び、しつらえも揃え、新たにXHTML版作成用のプログラムを開発して、テキスト版から手作業なしで、自動生成する形に切り替えた。

青空文庫が取り扱う時期の作品には、ルビをはじめ、点や丸や三角などを文字の脇にそえた、圏点と呼ばれる一群の強調用記号や、各種の傍線など、日本語の組み版に特有な表現がさまざまに用いられている。漢文返り点のようなものもある。字下げも多用されれば、戯曲などでは、複雑な凹凸のある組み版が行われる。

XHTML1.1には、ルビに関する約束事は盛り込まれており、タグと呼ばれる表記用記号にも、振り仮名用のものが用意してあった。だが、その他多くの日本語組み版要素については、直接対応するタグは存在しなかった。XHTML版の仕様固めを検討したチームは、用意されているタグを組み合わせるなどして、テキスト版に書き込まれた組み版要素をできるだけXHTML版に移し替えるよう努め、どうしても表現できない圏点や一部の傍線に関しては、強調表示に置き換えた上で、規格上利用することを許されているコメント欄に、「点か、丸か。二重線か、破線か」といった情報を付記しておくことにした。

第三水準第四水準の漢字を定めたＪＩＳ Ｘ ０２１３は、二〇〇〇年一月に制定された。仕切り直し後のＸＨＴＭＬ版では、文字表示に、この規格の定めを利用することにした。

かつて第三水準第四水準に向けた選定用資料をまとめた際は、もっぱら手作業に頼るしかなかった。この反省を踏まえ、新しい規格にもない文字の使用状況に関する調査が先々必要になった場合に備えて、作品中にＪＩＳ Ｘ ０２１３外字が使われていた際は、底本の何頁何行目に現れるかの情報を添え、外字情報だけを簡単に切り出せるように、ＸＨＴＭＬファイルの末尾に集約しておくことにした。

仕立てを一新した青空文庫のファイルは、今やさまざまな領域で活用されている。

ＰＤＡと総称される携帯用の機器では、もっぱらテキスト版が読まれている。縦組み、ページめくり方式に加えて、青空文庫で使っているルビ記号を振り仮名として表示するビュワーが幾つも開発され、利用されている。ファイル形式の変更が求められる機種向けの変換ツール、ファイル名の付け替えツールなど、それぞれの環境での使い勝手を良くする小道具も、そろってきている。

携帯電話で読む工夫も、進められている。画面に表示できる文字数に合わせて、ファイルを小分けして用意したサイトがある。縦書き、ページめくりで読めるビュワーを各社の幅広い機種向けに開発し、これに合わせて加工したファイルを並べたページが用意されている。もともとはＰＤＡ向けに開発された、青空文庫のルビ記号に対応したビュワーを組み込んだ携帯電話もある。

パソコン上で読む際の負担を軽減する手法として、多くのビュワーが縦組み、ページめくり方式を取り入れている。今では、いろいろなタイプが出そろってきたビュワーの多くが、青空文庫のファイルを意識し、ルビ記号やＸＨＴＭＬ版に対応した機能を盛り込んでくれている。

さらに、これらのビュワーの中には、ＸＨＴＭＬ版に書き残された底本の組み版情報のほとんどを、画面上に再現するものまであらわれた。先陣を切ったのは、ボイジャーのａｚｕｒ（アジュール）だ。縦組み対応のウェッブブラウザーという仕立てにおいても特徴的なａｚｕｒは、字下げなどのレイアウト、漢文返り点などに対応し、さらには、コメント欄に書き記された情報を手がかりに圏点や各種の傍線まで、紙の本そのままに再現してくれる。

メーカー固有の技術の枠を離れ、標準技術の舞台に移った青空文庫は、ａｚｕｒを得て再び、初心にあった、読みやすさ、表現力の豊かさを再構築できた。

晴眼者がパソコンなどの画面で読むテキスト・データを、そのまま点訳、音訳、拡大訳に利用していくというＢＢＡの構想のかなりは、今や常識的なものとなっている。

「お点ちゃん」と名付けられた、無料で利用できる点訳ソフトは、漢字仮名交じりテキストから、点字プリンター用のデータを直接生成する。ファイルの活用を念頭において、青空文庫のルビ記号や、ルビの付く文字の始まりを特定する記号、傍点、傍線注記を解釈し、その他の注記は無視する機能を組み込んである。理解力の高い人間に比べれば、点訳ソフトの分かち書きでは、誤りや解釈のずれが生じやすい。将来にわたっても、漢字仮名交じり文から、完璧な点訳データを一気に生成するといったことは困難だろう。ただ、複数の変換候補からそのつど選んでいく方式で、パソコンにおける日本語入力が広く普及したように、修正しながら作業することを前提に、新しいタイプの点訳ソフトの活用も広がって行くだろう。

パソコンは、視覚障碍者、特に全盲の人達に、文字情報へのアクセスの壁を壊す力強いメディアとして活用されてきた。操作の扉を開いたのは、画面に表示された文字を読み上げるソフトだ。見るかわりに聞くことで、パソコンが使いこなせるようになった。

この延長線上に、点訳ソフトを使って点字データを入力し、点字プリンターに打ち出して、「書ける」ようになった。経験を積めば、漢字仮名交じりの文章も、作れるようになった。

さらにインターネットと結び付いてからは、文字情報のやりとりを支援するパソコンの役割は、より大きなものとなった。そのインターネットに、本の中味が蓄積されれば、これまでの経験を踏まえて、彼等はごく自然に音声ブラウザーに作品を読ませ始めた。

縦組み、ページめくり方式のテキストビュワーのほとんどは、自由に文字サイズを変更できる。BBAが想定していた画面上の拡大訳は、今や、これらのソフトの基本機能として実現されている。

2　著作権制度に用意されていた青空文庫の基礎

標準形式の作品ファイルを、同じ作業方針で作りためていくことは、さまざまな分野に利用の枝葉をのばしたテキストの樹として、青空文庫を社会に根付かせる条件を整えた。

ただし、青空文庫ファイルの幅広い共用が可能になるためには、そのもう一つ手前に、解決しておかなければならない課題があった。

「ある条件を満たしたら、その作品は、誰もが自由に利用できるものにしておこう」とする、社会的な合意の形成である。

その役割は、著作権法があらかじめ担ってくれていた。


作品を作り出した人に認められる二つの権利

例えばあなたが、小説を書いたとする。するとあなたは、なんの手続きをとらずとも、自分の作品に対して、いくつかの権利を認められる。

作品がどんな条件をみたしていれば、どんな権利を与えられるかは、著作権法に定められている。作品を生みだした人、法律用語で言えば「著作者」に認められる権利は、「著作権」と総称される。さまざまな内容のものを含んでいることから、著作権は「権利の束」と呼ばれることがある。

著作権に束ねられた各種の権利は、大きく二種類に分けられる。

一つは、作品の「中味に関する権利」。そしてもう一つが、「作品の使い方に関する権利」である。法の用語では、前者を「著作者人格権」、後者を狭い意味での「著作権」と呼ぶ。狭義の「著作権」は、権利の性格からしばしば、「財産権」とも呼ばれる。以下では、狭義の「著作権」を「著作財産権」と書く。


「著作者人格権」には、三つの権利が束ねられている。

一つ目の「公表権」は、未公開の作品を発表するかしないか、自分で決める権利を指す。

二つ目の「氏名表示権」は、自分で決めた著作者名を表示させたり、逆に表示させないように決める資格を言う。

三つ目の「同一性保持権」は、自分の意志に反して、著作物のタイトルや中味を書きかえられないよう、求める権利を指す。

例えば、自分で書いた未発表の小説に関して、あなたは作品を発表するか否か、作者名をどうするかを自分で決められる。また、誰かが勝手にタイトルや中味を変えてしまうことも、拒否できる。

もう一方の「著作財産権」には、二〇〇四年一二月一日の改正時点で、「複製権」「上演権及び演奏権」「上映権」「公衆送信権等」「口述権」「展示権」「頒布権」「譲渡権」「貸与権」「翻訳権、翻案権等」「二次的著作物の利用に関する原著作者の権利」が、束ねられている。

これらの内、青空文庫に特に関わりの深いものとしては、まず、印刷や電子的な手法によって作品をコピーする、「複製権」がある。

インターネットで作品を公開することは、「公衆送信権」の一部として位置づけられている。

作品を朗読することは、「口述権」として規定されている。

作品を翻訳したり、設定などを借りて別の作品をまとめる翻案は、「翻訳権、翻案権等」に含まれる。

例えば、あなたが書いた小説を、誰かが勝手に本にしたり、断りなく青空文庫で公開することは許されない。無断で朗読したり、翻訳したり、翻案することも認められないと、著作権法は定めている。

「著作者人格権」と「著作財産権」は、共に著作者に認められた権利であるが、いつまで認められるかという点では、際だった違いがある。

「著作者人格権」には、期限の定めがない。「氏名表示権」と「同一性保持権」は、著作者の死後もずっと、権利として生き続ける。

一方の「著作財産権」は、著作者の死後五〇年を過ぎた段階で、消滅する。以降は誰もが自由に複製物を作り、インターネットで作品を公開できる。朗読や翻訳、翻案も、著作権者の許諾を得ることなく行える。

「著作者人格権」には期限がなく、もう一方の「著作財産権」はある時点で消滅すると定められている事情は、そもそも著作権法が、何を目指しているかを確認すれば、理解できる。

著作権法の大目的

著作権法が何を目指すのかは、「目的」について定めた第一条に掲げられている。

第一条　この法律は、著作物並びに実演、レコード、放送及び有線放送に関し著作者の権利及びこれに隣接する権利を定め、これらの文化的所産の公正な利用に留意しつつ、著作者等の権利の保護を図り、もつて文化の発展に寄与することを目的とする。

まず、この法律は、「著作者の権利及びこれに隣接する権利を定め」、「著作者等の権利の保護を図」る。

ただし、その際、著作権法は「これらの文化的所産の公正な利用に留意」するともいう。権利の定義と保護、一辺倒ではない。作品が、この社会で公正に利用されることにも配慮する。そのために、法には著作権を制限する条項がさまざまに盛り込まれている。

著作物に関する「権利の定義と保護」、加えて「公正な利用」への配慮。この二つをバランスさせながら、著作権法が目指すのは、「文化の発展に寄与する」ことである。

作品を誰が書いたのかが正しく表示され、中味がオリジナルの姿を保ちつづけることは、作者と作品を評価するにあたっての、安定的な基盤を提供する。「文化の発展に寄与する」という目的に照らせば、「著作者人格権」に期限を設けないことには、妥当性がある。

一方の「著作財産権」に期限が定められている事情は、そもそも著作者の「権利の定義と保護」がなぜ、「文化の発展に寄与する」ことにつながるのかを検討すれば、明らかになる。

著作物は、営利の材料として使うことができる。

本やCDといった複製物を作ったり、小説や音楽のファイルを、インターネットで引き落とせるようにすることを、著作者だけに認められる権利として定めておけば、作者には自分の作品を利用して収入を得る可能性が出てくる。

そうした道が閉ざされていれば、著作者は生活に追われ、創作は後回しにされかねない。特定の団体や個人に生活を支えてもらえば、表現には支援者へのおもねりが交じる可能性が出てくる。創作活動を自立させ、著作者に支えや励ましを与える上では、著作財産権の定義と保護は有利な選択となる。この選択が功を奏して、創造のエンジンが活発に回れば、「文化の発展に寄与する」という大目的に貢献するところ、大となる。

ただし、著作者の死後は、彼の内に育った創造のエンジンが、再び回ることはない。

そして著作権法はもう一方で、著作物の「公正な利用」に配慮することも、大目的達成に資すると想定している。

著作物は確かに、一人の著作者によって生み出される。ただし、過去からの文化的な遺産に乏しく、活発な創作活動に恵まれない環境に生み落とされれば、人が、同時代者の心を打ち、次世代に引き継がれる創造に至る可能性はきわめて低くなる。歴史を貫いて流れる文化の大河は、著作者を育てる揺りかごであり、過去の文化遺産に育まれてこそ、人は魅力ある創造に到達できる。「文化の発展に寄与する」という著作権法の大目的を達成する上では、著作者に支援と励ましを与えることに加えて、創造の揺りかごである文化の大河を、豊かに流れ続けさせることもまた、大きな意味を持つ。

著作物は本来、誰かが利用したからといって、量が減ったり、損なわれたりする性質のものではない。幅広く親しまれ、利用されて、なんら不都合がない。こうした著作物が、社会に広く行き渡る可能性を高めることのみに焦点を絞ってよいなら、著作財産権の縛りを外して、誰もが自由に活用できるようにしておけばそれでよい。

著作者の創造のエンジンに回る可能性の残されているうちは、独占的な財産権を認めて、創作への支援と励ましを与える。ただし、その可能性が永遠に失われた後は、ある時点で財産権を消滅させ、利用の縛りを外して作品を広く社会に行き渡らせる。ともに有効な、この二つの手段の間で、バランスをとるために、著作財産権には期限が設けられている。

日本は、著作権保護の国際的な枠組みであるベルヌ条約に加盟している。条約では、著作財産権の保護期間は作者の死後五〇年までとされており、我が国の著作権法もこれにそっている。より正確には、作者が死んで満五〇年が過ぎた年の大晦日で保護期間が満了し、翌一月一日から、その人物の作品を自由に複製し、インターネットで公開できるようになる。

この規定に基づいて、青空文庫では毎年の元旦、その日から新たに権利の縛りを外れた作家の作品をお披露目している。

公有作品のおさめ場所としての青空文庫

著作財産権の保護期間を過ぎた著作物は、自由に利用できる公有のものとなる。

青空文庫を準備した者は、当然、そのことを知っていた。

ただし、作品ファイルには、晴眼者がパソコンで読む以外のさまざまな利用の可能性があることを意識していなかったように、公有となった作品の取り扱いにあたって、何を重視し、どう振る舞うべきかの勘所を、我々は明確には意識できていなかった。

そのことを批判し、我々を覚醒させてくれたのは、評論家、翻訳家の山形浩生さんだった。

翻訳作品をインターネットで公開するには、著者に加えて、訳者の保護期間も満了していることが求められる。山形さんはこうした事情を踏まえ、訳者の権利だけが残っているものを新たに訳し直し、著作権法が規定している著作財産権をそのまま適用する必要はないと翻訳者自ら宣言して、より自由な利用を促そうとする「プロジェクト杉田玄白」[★2]を提案した。

ＦＡＱのページでは、プロジェクトの成果物に対して何が出来るかが、以下のように明示されていた。

正式参加テキスト：これは、版権表示さえちゃんと残せば、商業出版も含めて何をしてもいい代物。

協賛テキスト：これは、なんらかの制限がついたテキスト。たとえば非営利目的でのみ使用可、とか複製再配布は基本的にダメ、とか。なにをしていいかは、個々のテキストについた能書きを読んでほしい。

このプロジェクトの趣意書の冒頭に、青空文庫は「全体にしょぼい」という指摘があった。さらに、「しょぼさ」の原因を分析した、「青空文庫について（1999.04.15）」[★3]が書かれた。そこで指摘された問題点の一つには、納得がいった。

それまで、青空文庫で公開している作品ファイルの使い方については、公有となっているか否かも区別せず、「本のリスト」の冒頭に、以下のように書いていた。

> ここにある本は、自由に使って下さい。
> ただし、不特定多数が入手しうる媒体、公開されたサーバー等への転載に関しては、著作権者もしくは作品の電子化にあたった方の了解を得て下さい。

こうした姿勢を、山形さんは次のように批判していた。

> …青空文庫のテキストは、公開されてる、自由に使えるとはいいつつも、実は受け取る側とし

てはなにができるのやらよくわからないのだ。読むのはいいみたいだ。私的な利用もいいみたいだ。でも出版するのは、どうもいけないみたいだな。プリントアウトしてそこらじゅうにばらまくのは? LaTeX 文書に変換して自分のサーバに置くのはどうだろう。ここでいう「いい」「わるい」というのは、だまって断りなしにやっても、という意味だよ。別途相談、というのは、基本はだめだってことだ。

公有作品のキャリアは、青空文庫で終わらない。

そこからさらに、次の場所に移って、さまざまな用途に活用される可能性を秘めている。その可能性を最大化するためには、「公有作品ファイルは、有料、無料を問わず、自由に再利用できる。その際、青空文庫側に了解を求める必要はない」とすることが、最も有利になるだろうと、山形さんの指摘を受けてそう考えた。

個々の作品ファイルには、どの出版社のどの本から入力したのか、入力と校正にあたったのは誰かといった作業記録を残している。公有作品の再利用にあたっては、この記録を残すことのみを求め、その他には一切、条件を付けないという案を軸に、青空文庫ファイルの利用規定をまとめる作業に取り組むことにした。

問題は、青空文庫がその時点ですでに、かなりの数の作品を公開していたことだった。これらの入力と校正にあたった人は、商業利用も含めて、自由な取り扱いを許すという条件は念頭においていなかったはずだ。ならば、公開済みの作品には、新しい規定を適用しないという考え方もあり得る。だが、できればこれまでのものも含めて、明確化させた新しいルールに従って使ってもらえないかと考え、すべての作業者にメールで連絡を取り、「みずたまり」で論議して、合意の形成を目指した。

一九九九年五月九日付けの、ファイル取り扱いルールに関する「そらもよう」記事をきっかけに、六、七月にかけて進めた話し合いでは、商業利用にも青空文庫側の了解を求める必要はないと明示するか否かが焦点となった。

無償の再利用を自由とすることには意見の相違は見られなかったが、「手間をかけて自分で作ったファイルを、権利が切れているからといって断りもなく商品にはしてほしくない。自分たちから、完全に自由だと言うのではなく、なんらかのコントロールはかけておくべき」とする意見が示された。青空文庫の運営には、費用がかかる。「ファイルの商業利用に対価を求める余地を残しておけば、ここから運営費を得ることも可能になる」とする主張がなされた。

本稿のタイトルに使った「天に積む宝」は、この論議の中で、法律学者で著作権法を専門とする、白田秀彰さんが用いた言葉だ。

同名の「みずたまり」への書き込みで、白田さんは、青空文庫の作業に加わって作品の一字一句を入力し、校正している人は、デジタル化によって「永遠の命を与えようとするほど作品を愛していることを証明している」と語り、「これは、どんなに巨大な墓や石碑よりも永く残る、その作品の作者に対する愛の表現」であり、「それゆえに、青空文庫の活動には、金銭的損得を越えた崇高さが存在する」とした。

さらに、「青空文庫からファイルをダウンロードして自分のディスクに収め読む利用者の方たちも、作者を賛える記念碑に石を積む人」であると添えた。

作品が長い年月を経てなお人々に読みつがれるためには、たくさんの読者から選んで頂かなければなりません。人の嗜好にはいろいろと個性がありますから、作品の命を長らえさせることを考えますと、できるだけ広い人に作品の存在を知ってもらい、そうした人たちに読みやすい状態に作品を置かねばなりません。作者を賛える記念碑に石を積むという目的のためには、著作権法の規定でいけば、氏名表示権と同一性保持権は維持しなければなりません。しかし、排他的独占権すなわち「お金を払わない限り読むことを禁止します」という権利は、いくらかの程度で、読んでくれるはずだった読者を拒絶することになります。

ですから、著作権法による保護期間が満了した作品については、青空文庫への貢献があなたの作品への愛であるなら、氏名表示権と同一性保持権が維持されている限り、どのような利用法であっても、拒絶する理由がないのです。……

青空文庫を、テキスト・アーカイブ構築のある種の文化事業としてとらえるなら、ファイル利用に対価を求めて、運営体制を強化するという考え方が出てくる。今、この場で「完全に自由にすべき」と主張する人と、「なにがしかの対価を得よう」と考える人の間では、〈「愛と崇高さに対する人間の感情は金銭を越えた力を発揮する」という理想論〉と、〈「ある程度の規模のアーカイブを構築し維持していくためには資金が必要だ」という現実論〉が対峙していると、白田さんは指摘した。

そして、現実世界に青空文庫が存在するなら後者が当然選ばれるだろうけれど、電脳空間というまったく新しい環境に作られた図書館であるなら、ファイル末に作業者の名前を残すというそれだけを求めて、〈「愛と崇高さ」に応える無償の行為が、巨大な知識と文化の宝庫を立派に維持できることを証明してほしいと思うのです。儚く消えていく自分の「存在証明」を、自らの愛した作家の作品の末尾に記すことに「天に積む宝」を見ることができる人が多くいるのだ、ということを証明してほしいと思うのです〉とのべた。

白田さんの最後の言葉は、こう綴られていた。

大学で研究中に戦前のイギリスの本を読む必要があり、かび臭い図書館に潜り込んで探し出しました。厚い革装の表紙を開けるとそこには目元凛々しい学生の写真と名前が記されていました。山本さんという方が大学に寄贈した本のようです。日付を見ると昭和18年でした。私はしばらくその写真を見つめました。そしてどういった経緯で山本さんは、そこここにペンで書き込みのある貴重な洋書を大学に寄贈していったのかを考えました。そのとき、暗い図書館の書庫で、私は私の大先輩からこの本を手渡されたような気分を感じたのです。

私たちは小さな存在で、100年もすれば大抵の人から忘れ去られてしまいます。私たちの衣食を維持するための「地上の宝」は必要です。しかし私たちは衣食を維持する以上の何かを求めて生きているのだと思います。100年後、青空文庫の作品を読み終えた誰かがあなたの名前をみて、あなたの事を考える夢を見てみませんか。

青空文庫の実践を通じて、私は思う。

著作権の保護期間満了を、単なる終わりにとどめてはつまらない。私有の終わりは、公有の始まり。この節目は、天に宝を積み上げる営みの、出発点となしうる。

ただし公有作品を、誰もがその恵みに浴せる「天に積む宝」とするには、活用の可能性を最大化するために、何の制限も求めないでおこうとする覚悟をはっきりと示す必要がある。

また、再利用しやすい形式を見きわめ、合理的な作業手順を求め、同一の仕立てで継続してファイルを作りためていく努力が求められる。

保護期間を終えた作品は、自由な再利用を受け入れる「精神」と、再利用にふさわしい「形式」を獲得して始めて、「天に積む宝」と呼ぶにふさわしい、真の公有作品となりうる。

関わったさまざまな人たちに教えられ、導かれ、力を与えられ、準備した者の思惑や視野を越えて、青空文庫の公有ファイルは、「天に積む宝」に近づく幸運に恵まれた。社会に根付き、大きく枝葉を広げた「公有テキストの樹」として青空文庫が育ちつつあるのは、それ故だ。

3　動き出した著作権保護期間延長で失われるもの

元旦の青空文庫には、この日から公有となる、新しい作家の作品を並べてきた。

二〇〇五年には、新宿中村屋の創業者で商いの近代化に努め、妻の黒光とともに、たくさんの芸術家や、アジアの政治活動家を支援した相馬愛蔵と、劇作家、小説家で、ジュール・ルナールの『にんじん』の訳者としても知られる岸田国士の作品を公開した。前年には、折口信夫、斎藤茂吉、堀辰雄の作品が並んだ。二〇〇六年には、坂口安吾、下村湖人、豊島与志雄等の作品を公開できるよう、準備を進めている。

その青空文庫の元旦が、今後二〇年にわたって空白となる可能性が出てきた。著作財産権の保護期間を、死後七〇年に延長しようとする動きが、本格化してきたからだ。

保護期間七〇年延長への道

保護期間延長については、文化庁の諮問機関である文化審議会著作権分科会で、過去、何度か論議されてきた。だが、これまでは、法改正に向けた具体的な動きには結び付かなかった。

その風向きが変わった。表だって見える最初ののろしは、日本音楽著作権協会（ＪＡＳＲＡＣ）が上げた。

文化審議会著作権分科会における、著作権法改正の論議は、下部に設けられた法制問題小委員会で進められる。二〇〇四年九月三〇日に開かれた同年第二回の小委員会には、関係者間ですでに協議が進められている改正要望事項をまとめたとする資料が提出された。

そこに、保護期間の死後七〇年への延長を求める、JASRACからの要望が盛り込まれていた。根拠として掲げられていたのは、〈文化芸術の担い手である創作者の権利を保護し、新たな創造を促進すべきである。「知的財産戦略の推進」を国策としている我が国は、著作権保護のあり方について国際間の調和を図るべきである。我が国のコンテンツ創造サイクルの活性化と国際競争力の向上を図るべきである。〉[★4]の三点だった。

主張にある、「国際間の調和」で念頭におかれているのは、EUとアメリカである。ドイツはかねてから、保護期間を七〇年としており、著作権制度に関する域内の調和を目指した検討の過程で、EUは長い側に合わせるという選択を行った。この動きを、アメリカが追った。

この日に向けて、小委員会の事務局は、およそ三二〇の関係団体に、著作権法の改正に関する要望事項を照会していた。回答は、四割弱の、約一二〇団体から寄せられた。保護期間に関しては、著作権と著作隣接権（実演者、レコード製作者、放送事業者などの権利を定めたもの）を含めて、七〇年への延長を求めるものが、主に音楽関係の諸団体から二一件寄せられた。延長には慎重であるべきとするものは、一件。加えて、五〇年を超える保護を希望する場合には「少額の手数料を納付するよう求める」などの方法を検討すべき、とする要望が一件あった。[★5]

主に、権利者側からの声を聞く形となったこの作業に続いて、文化庁は、幅広い国民の意見も反映させたいとして、二〇〇四年一〇月、著作権法の改正点に関する意見募集を行った。結果は、同年一一月二日の第三回小委員会に報告された。

保護期間延長に関しては、七二件のコメントが寄せられた。内訳は、延長を求めている諸団体にその資格があるのかを問う立場から、検討材料を示すものが一件。保護期間の五〇年、七〇年併用

を支持するものが一件。その他七〇は、反対、もしくは慎重であるべきとして、延長を支持しない意見だった。[★6]

法制問題小委員会の最大の役割は、「優先して対応すべき著作権法上の検討課題の抽出・整理」におかれている。二〇〇四年一一月二六日の第四回小委員会からはいよいよ、法改正に向けて、何を優先して取り上げるかに関する論議が始まった。

この日、事務局が用意した「著作権法に関する今後の検討課題（素案）」には、法制問題小委員会が検討を行っていく「基本問題」八項目の一つとして、保護期間の延長が盛り込まれていた。文化庁長官官房著作権課が中心になってまとめたこの素案の段階で、著作隣接権の延長は、優先すべき課題からは落とされた。[★7]

続く二〇〇四年一二月二二日の第五回小委員会には、前回「(素案)」とされていた「著作権法に関する今後の検討課題」が、「(案)」として提出された。同会と、続く第六回の論議を受けた若干の字句修正を経て、二〇〇五年一月二四日に開かれた親委員会の文化審議会著作権分科会第一四回に、「著作権法に関する今後の検討課題」が報告された。保護期間に関しては、以下のように記載されていた。[★8]

> 欧米諸国において著作権の保護期間が著作者の死後70年までとされている世界的趨勢等を踏まえて、著作権の保護期間を著作者の死後50年から70年に延長すること等に関して、著作物全体を通じての保護期間のバランスに配慮しながら、検討する。

この場の論議で、著作隣接権の延長が盛りこまれていないことへの質問が、日本芸能実演家団体協議会専務理事の大林丈史委員からあった。法制問題小委員会の中山信弘主査からは、今後「もし必要が生じましたら当然議論の対象になる」との、吉川晃著作権課長（当時）からは「今後、検討課題とするかどうか、議論をしていきたい」との回答があった。その他の事項も含めて、検討課題は著作権分科会の了承を得て、公表された。

確定した「検討課題」にそって、法改正に向けたより詳細な検討を進める、新しい期の法制問題小委員会は、二〇〇五年二月二八日に第一回が開かれた。

親委員会における論議で、検討課題として追加するよう要望が出された著作隣接権に関して、吉川著作権課長は同会において、「隣接権の保護について、現時点で検討を行うことにするということは、少しまだ時期尚早」と発言した。[★9]

前期の作業で取りまとめられた「検討課題」は「はじめに」で、「…全体の検討には少なくとも3年程度は要すると考えられるが、比較的短期間で結論が出ることが見込まれるものに関しては、平成17年秋頃を目途に報告を取りまとめることが望まれる。」としていた。

ここで言う、「比較的短期間で結論が出ることが見込まれるもの」として、事務局は「権利制限の見直し」と「私的録音録画補償金の見直し」問題を設定し、二〇〇五年の一一月までに、この二つの問題に対する報告書をまとめる審議予定案を示した。[★10]

著作権法第五款には、公正な利用への配慮から、著作財産権の適用を制限する条項が列挙されている。ここに、要望のある適用除外規定を追加しようとするのが、「権利制限の見直し」である。

本来、著作権法では、「個人的に又は家庭内その他これに準ずる限られた範囲内において使用することを目的とする場合においては」、財産権の有効な作品でも複製することが許されている。これによって、レコードからカセットに音楽を落とし、ウォークマン型の機器で聞くことは、問題ないとされてきた。にもかかわらず、デジタル機器による録音、録画に対しては、著作権者等は、ハードやメディアの値段に上乗せした補償金を受け取ることができるという制度が、一九九二年の著作権法改正で盛り込まれていた。今回検討課題とされたこの制度の「見直し」とは、これまでその対象とされていなかったｉＰｏｄのようなハードディスク内蔵型の機器や、パソコンのハードディスクを、補償金上乗せの対象として加えようとするものだった。

二〇〇五年秋までは、この二項目に関する作業が、集中して進められる。保護期間の延長は、翌二〇〇六年、もしくは二〇〇七年に行われることになる。

保護期間延長で失われるもの

法政問題小委員会における本格的な論議を前にした現時点では、延長を求める側の主張を読みとる材料は、それほど多くない。中では、そもそもの火付け役を演じたＪＡＳＲＡＣが、同小委員会の事務局の求めに応じて二〇〇四年八月三一日に提出した、三つの主張からなる要望書が、比較的良くまとまっている。★11

二〇〇五年一月一日、青空文庫は呼びかけ人名で、著作権保護期間の七〇年延長に反対する意思を示した。その際に「そらもよう」に書いた内容と重複するが、ここで再び、ＪＡＳＲＡＣの論拠に反論しておきたい。

1　創作者の保護の強化

経済的な豊かさを獲得した我が国が、心豊かな活力ある社会を形成するためには、文化芸術の担い手である創作者の権利をより手厚く保護し、新たな創造を促進することが必要である。

著作権の保護期間は、「著作者とその直系の子孫の平均的な生存期間即ち3世代が含まれる」のが公正妥当であるといわれている。すでに欧米の平均寿命を上回る我が国においては、欧米と同等の「死後70年」に延長することが適当である。

論拠の1が掲げる、「心豊かな活力ある社会」は、「文化の発展に寄与する」という著作権法の目的達成を通じて、我々が引き寄せることのできるものと重なり合っている。

だが、そのための手段として1が、「創作者の権利をより手厚く保護」することのみを上げるのに対し、著作権法は、社会の構成員が著作物を公正に利用できるよう配慮することもまた有効な手段であると認め、両者のバランスを取りつつ、目標を達成しようとする。さらに、自らの作業成果を、広く、素速く活用してもらうために、あえて著作財産権を求めないと宣言する、プロジェクト杉田玄白のような新しい提案も生まれてきている。

著作物を社会の糧として活用してもらうための道筋は、多様につけられる。

その内の一つをあげて、目的達成の唯一の手段であるかのように語る1は、著作権制度の基本的な姿勢から、意図的に目をそらしている。

保護期間には、「3世代が含まれるのが公正妥当」とする考え方は、『ベルヌ条約逐条解説』(クロード・マズイエ著、黒川徳太郎訳、著作権資料協会、一九七九年七月二五日発行)においてＷＩＰＯ国際事務局著作権、広報ディレクターの肩書を持つ著者が示している。

ただし、保護期間に言及した同じ一節の中で著者は、その長さが「著作者の利益と、寄与をした者よりもはるかに長い生命をもつ文化遺産を自由に利用することを求める社会の必要との間に、公正なバランスを保って」定められるべきものであることもまた、明示している。「3世代」が五〇年の唯一の決定要因であるなら、平均寿命の延びは確かに、制度変更の提案理由となりうる。ただもう一方で、インターネットを得た社会からの、文化遺産を自由に利用することへの求めもまた、デジタル・アーカイブへの期待などとして、強まっている。変動要因を繰り込めと迫る際、自らの論拠に有利なものだけを上げるのでは、公正なバランスは到底保ち得ない。

『ベルヌ条約逐条解説』に寄せた序文で、ＷＩＰＯ事務局長アルパード・ボグシュは、「ＷＩＰＯ国際事務局の任務は条約の管理に責任を負うことであり、このような解説を行うことはその権限に属するものではないから、本書はベルヌ条約の規定に関する有権的解釈を意図するものではない。…自らの意見を形成するのは、関係当局と関係各界が行うべきことである」と釘をさしていることも、申し添えておく。

著作者の端くれとしての実感にも、触れておきたい。

私は書くことを志したことがある。契約を結び、本を出した。乏しいキャリアだが、作ろうと試みたことだけはある。その経験に照らせば、少なくとも著作者個人にとって、作ることはまず何より、自らが今、生きてあることの証を立てることだ。いのちの火が消えて、五〇年。そこからさらに、保護期間を二〇年間延長してやろうと言われて、作ることに向かうどんな心が励まされるか。私には、想像の手がかりすらつかめない。

2　国際間の調和

欧米先進諸国の多くがすでに保護期間を「死後70年」としており、アジア太平洋地域においても、シンガポールが本年7月「死後70年」を採用し、オーストラリアでも来年1月に延長されることが確実視されている。

「知的財産戦略の推進」を国策とし、コンテンツビジネスの積極的な海外展開を進めようとしている我が国は、保護期間をはじめとする著作権保護のあり方について、国際間の調和を図るよう努力すべきである。

また、我が国は、平和条約に基づいて定められた戦時加算により、連合国民の著作権については、すでに「死後50年」を越えて保護している実態があることから、この問題を整理しつつ保護期間の延長を図るべきである。

一九九三年一〇月、EUは保護期間を七〇年とする決定を行った。

アメリカはそれまで、個人の著作物の保護期間を作者の死後五〇年、法人のそれを公表後七五年（もしくは創作後一〇〇年の、どちらか短い方）としてきたが、一九九八年制定の著作権保護期間延長法（Copyright Term Extension Act：以下、CTEAと書く）によって、それぞれ七〇年と、九五年（もしくは創作後一二〇年の、どちらか短い方）にあらためた。

これらの動きに追随し、国際的な調和を図れと主張する2の主張を検討するにあたっては、そもその出発点となったEUの保護期間延長が、いつ、なにを目的として行われたものであり、アメリカはどのような経緯でこの動きを追ったのかを確認しておく必要がある。

EUの延長方針は、当時のEC理事会指令として発せられたが、その表題は、「著作権及び著作隣接権保護期間の平準化（harmonizing the term of protection of copyright and certain related rights）」とされていた。ベルヌ条約では、著作権の保護期間は作者の死後五〇年までとされている。ただし、より長い保護期間の設定も、禁じられてはいない。こうした事情を背景に、ドイツなど、加盟国の一部には、かねてから七〇年を採用しているところがあった。理事会指令は、このばらつきをならし、域内の権利保護に齟齬が生じるのを防ぐという意図でまとめられたものだった。

加盟諸国の法律制度ですでに認められてきた権利は、制度の平準化によって縮小されてはならないという立場を、指令は取っていた。影響をおさえて移行を容易なものとするこの方針を選べば、長い側に合わせる以外に選択肢はない。

この制度調整が図られた時期にも、注目する必要がある。一部の研究期間や大学だけで使われていたインターネットが、パソコン利用者を巻き込みながら爆発的な普及を見せ始めるのは、一九九〇年代半ばである。

その後、著作物の利用形態を大きく変化させるこの新しい社会基盤の影響を、EUの制度見直しと意思決定は、織り込んでいない。延長を支持する根拠として、寿命の延びに伴う三世代の幅の広がりや、保護の強化が創造の促進につながる可能性などについてわずかに触れてはいるものの、社会構造の変化が制度に与えた影響を踏まえ、今後の新しい仕組みを構想すると言った狙いは、指令にはない。EUの意思決定は、あえてレッテルを貼れば、「前インターネット時代の遺物」としての性格を持っている。

時代の大きな変化を繰り込めない段階で下されたこの判断に、アメリカの娯楽産業界が乗じた。EUが域内の制度調整のために行った保護期間延長を自国でも実施できれば、競争力を維持している作品やキャラクターの商品寿命を、さらに二〇年延ばすことができる。法案の成立に向けては、業界からのロビー活動が活発に行われた。一九二八年、「蒸気船ウィリー」のキャラクターとして誕生したミッキーマウスは、これまでも保護期間の延長によって公有化を繰り返し免れてきたが、CTEAで二〇〇三年の著作権切れもまた回避し、さらに二〇年間保護されることになった。同法が皮肉をこめて「ミッキーマウス保護法」と呼ばれるのはそれゆえである。

その後、EUやアメリカにあらわれた、保護期間延長に歯止めをかけようとする動きについても、紹介しておきたい。

著作権、著作隣接権をめぐる法的枠組みの見直し事項に関して、二〇〇四年七月一九日付けでまとめられた欧州委員会の報告書は、保護期間のさらなる延長に歯止めをかけた点で、注目に値する。

一九九三年の理事会指令は、著作権の保護期間を作者の死後七〇年、著作隣接権を保護の開始から五〇年と定めた。これに対し、EU内の一部からは、後者の延長を求める声があがっていた。C

TEAによって、アメリカでは商業用レコードが発売後九五年間保護されるようになったことを受けて、同様の延長を図らなければ、ヨーロッパの音楽制作者と音楽産業が、不利益を被るとの主張がなされたと、報告書は指摘している。

この延長論に対しては、報告書によれば、現状維持を主張する強固な反対があった。延長すれば、ごく少数のベストセラーによって売り上げを確保する傾向に拍車がかかり、新しい作品の録音や、新たな投資への意欲を減ずることになる。また、アメリカを例外として、ほとんどすべての先進国は、著作隣接権の保護期間を五〇年としている。EUにおける世論や政治状況は、保護期間の延長を支持していないと思われる。さらに、保護期間の短縮を求める声も存在することなどをあげた上で、報告書は、著作隣接権保護期間の延長の機は、熟していないと結論付けた。

CTEAは、アメリカ国内でも論議の的となったことも付け加えておきたい。

著作権切れの書籍を電子化して公開するプロジェクトを進めるエリック・エルドレッド等は、同法が合衆国憲法に違反するとの訴えを起こした。二〇〇三年一月一五日、連邦最高裁によってこの訴えは退けられたが、ステファン・ブレヤー判事とジョン・ポール・スティーブンズ判事は、二〇年延長を憲法違反とする反対意見を付した。

『CODE』『コモンズ』などの著作で知られ、この裁判で原告代理人もつとめた法学者のローレンス・レッシグらは、保護期間延長への批判と抵抗を、今も続けている。

3　コンテンツ創造サイクルの活性化

我が国が保護期間を「死後50年」としていれば、「死後70年」を採用している国においても我が国の著作物は「死後50年」までしか保護されず、その分経済的利益を得る機会を失うことになる。

保護期間を延長し、著作物からの収益性や資金調達力を高め、新たな創作活動に投じる資金を増大させることにより、コンテンツ創造サイクルの活性化と国際競争力の向上を図るべきである。

ベルヌ条約では、保護期間に異なりのある場合には、短い国の規定が適用されると定められている。

よって、3の主張通り、我が国の保護期間が五〇年であれば、〈「死後70年」を採用している国においても我が国の著作物は「死後50年」までしか保護され〉ない。逆に、「死後70年」を採用している国の著作物も、我が国においては「死後50年」を過ぎた段階で公有のものとなり、広く活用できるようになる。

問われるべきはここでもまた、著作者の権利と広く国民一般に認める権利とをどこでバランスさせるかである。その意思決定にあたって、3はコンテンツ産業の活性化と国際競争力強化を重視すべきであるという。

だが、著作権法の目的は、「文化の発展に寄与する」という高い次元に設定されている。この目的を達成するため、著作物の「公正な利用」がはかられるよう環境を整えておくことは、日本国憲法が国民に保証する「幸福追求」の権利、「思想及び良心の自由」「表現の自由」「学問の自由」「教育を受ける権利」等に深く関わってくる。先人の著作物に、広く、容易に触れられることの保証なくして、憲法に明記されたこれらの権利と自由は、実効性のあるものとはなりえない。

著作権保護期間の延長は、憲法が「侵すことのできない永久の権利として、現在及び将来の国民に」与えると約束している、基本的人権を制約しかねない。

こうした社会の根幹に関わる問題に、特定産業の国際競争力強化を目的として変更を加えることは、許されないと考える。

二〇〇五年に始まった著作権法改正点の検討を、法制問題小委員会事務局は、三年で仕上げたいとする。保護期間七〇年延長に関わる法改正がこの想定に従って二〇〇七年中に行われ、二〇〇八年一月一日には施行ずみとなるとすれば、この日から二〇年間、青空文庫には新しく著作権切れを迎える作家の作品が登録されなくなる。

再開は、二〇二八年一月一日。ここでようやく、一九五七年中に他界した作家のものが公開できる。保護期間五〇年のままなら、二〇〇八年一月一日には公有となっていた作品だ。

前年の二〇二七年は、じょじょに大きくなっていった保護期間延長に伴う影響が、最大化する年だ。青空文庫のリストからは、保護期間五〇年のままなら並ぶはずだった、表に示した作家とその作品が失われる。

本来、公有作品となっていたはずの多くの作品を保護期間延長で失うのは、一人、青空文庫だけではない。

国立国会図書館は、保護期間を過ぎた書籍のページ画像をインターネット経由で提供する、「近代デジタルライブラリー」プロジェクトを進めている。二〇〇五年八月二日段階で、公開作品数は五万九九〇〇冊に及ぶ。現在の収録対象は、明治期刊行図書に限られているが、これが大正期、昭和期に拡張されれば、より身近に感じられる作品が増えて、活用にはさらに拍車がかかるだろう。

インターネットと結び付いたデジタル・アーカイブは、言葉による作品以外の領域でも大きく花開く可能性を秘めている。映画、音楽、美術などの分野で公有作品の樹が社会に育てば、新たなる創造を育む文化の大河は、確実に流量を増すだろう。

その可能性一般に、著作権や著作隣接権の保護期間延長は、たがをはめてしまう。

2027年の青空文庫が、著作権保護期間70年延長で失う作家

作家の亡くなった年、亡くなった順。データは、「Dead Writers Society　死せる作家の会」による。
http://www.jca.apc.org/~earthian/aozora/dead.html
同ページは、参考文献として以下を掲げている。
岩井寛編『作家の臨終・墓碑事典』東京堂出版、1997・6・10／『広辞苑・第五版』岩波書店、1998／市古貞次編『日本文学大年表・増補版』おうふう、1995・4・25／日本近代文学館編『日本近代文学大事典』講談社、1992・2・28／『増補改訂・新潮日本文学辞典』新潮社、1988・1・20／『著作権台帳・第23版』(社)日本著作権協議会監修、1995・10
加えて、以下を参考に、データの修正と補充を行った。
『新潮日本人名辞典』新潮社、1991・3・5、1995・5・30、3刷／朝日新聞見出しデータベース／朝日新聞縮刷版
※作家の生年月日・亡くなった月日（一部月日なし）、主な作品名は、次のサイトに収めてある。
http://attic.neophilia.co.jp/aozora/damage_estimate/

1957年

尾上柴舟　牧野富太郎　神西清　片岡良一　羽仁も
と子　岩城準太郎　久生十蘭　大泉黒石　徳富蘇
峰　前田河広一郎　下村海南　大川周明　畑耕一

1958年

成瀬無極　中野鈴子　徳永直　久保栄　山川均
宮地嘉六　岩上順一　昇曙夢　木村荘八　山田孝
雄　吉植庄亮　正岡容　三好十郎

1959年

大鹿卓　本間唯一　高浜虚子　川路柳虹　永井荷
風　土方与志　芦田均　苫米地義三　橘外男　伊
藤永之介　勝俣銓吉郎　阿部次郎　豊田三郎　小
堀甚二　北大路魯山人

1960年

風巻景次郎　火野葦平　賀川豊彦　樺美智子　久
留島武彦　原田義人　佐藤清　犬養健　吉田与志
雄　吉井勇　岸上大作　和辻哲郎　北村喜八　歌
川龍平

1961年

村松梢風　萩原蘿月　柳宗悦　小川未明　栗林一石
路　知里真志保　青野季吉　外村繁　前田晁　宇野
浩二　岩本素白　片山敏彦　高山毅　長与善郎　津
田左右吉　矢田挿雲　矢内原忠雄　浅野歳郎

1962年

鈴木行三　富沢赤黄男　室生犀星　武林夢想庵
西東三鬼　中谷宇吉郎　妹尾アキ夫　田辺元　秋
田雨雀　春日政治　正木不如丘　柳田国男　吉川
英治　飯田蛇笏　大場白水郎　小倉金之助　正宗
白鳥　安倍季雄

1963年

鈴木虎雄　岡本良雄　中村地平　野村胡堂／あら
えびす　久保田万太郎　橋本多佳子　長谷川伸
和田清　尾山篤二郎　宇井伯寿　山之口貘　十返
肇　三枝博音　佐佐木信綱　大田洋子

1964年

尾崎士郎　辰野隆　三好達治　小杉放庵／未醒
北村小松　長田幹彦　佐藤春夫　高群逸枝　佐々
木邦　松根東洋城　三代目三遊亭金馬　川村多
実二　青木健作　西田直二郎　三木露風　神代祇
彦　斎藤弘吉

1965年

畔柳二美　河井酔茗　高橋元吉　山川方夫　小山
清　奥浩平　星野麦人　蔵原伸二郎　中勘助　森
下雨村／佐川春風　梅崎春生　江戸川乱歩　谷崎
潤一郎　佐々木惣一　木下夕爾　高見順　安西冬
衛　桜井忠温　式場隆三郎　神保格　米川正夫
秋庭俊彦

1966年

川田順　安部梧堂　八杉貞利　仁井田陞　上田
広　小穴隆一　山中峯太郎　小宮豊隆　小泉信
三　中野秀人　武内義雄　安倍能成　番匠谷英
一　松原純一　鈴木大拙　大下宇陀児　松浦一
深瀬基寛　柴田宵曲　中島哀浪　亀井勝一郎　小
島祐馬　河井寛次郎　佐佐木茂索　東条操　新井
紀一

1967年

武島羽衣　三宅周太郎　山本周五郎　柳原白蓮
勝本清一郎　窪田空穂　金沢庄三郎　壺井栄　吉
野秀雄　菱山修三　新村出　富田常雄　時枝誠
記　恒藤恭　河竹繁俊　中田薫　笠信太郎　中村
清太郎　森於菟　薄田太郎

1968年

奥野信太郎　西田天香　吉尾なつ子　日沼倫太
郎　子母沢寛　大原総一郎　若山喜志子　木山捷
平　丸岡明　広津和郎　沢瀉久孝　村岡花子　橘
瑞超　石田英一郎　内山順　足立勇

1969年

鍋井克之　鑓田研一　森谷均　横関愛造　北川桃
雄　柳田泉　阪本越郎　高野悦子　富永次郎　大
場正史　松岡譲　中山義秀　安藤鶴夫　長谷川
かな女　木々高太郎／林髞　長谷川如是閑　伊藤
整　石田波郷　獅子文六　由紀しげ子　井上政次

1970年

矢野仁一　富沢有為男　野見山朱鳥　鈴木信太
郎　市河三喜　服部静夫　牧野英一　室伏高信
冠松次郎　西条八十　山内清男　佐賀潜　安藤更
生　森田たま　大宅壮一　三島由紀夫　藤木九
三　北尾鐐之助　酒井千尋

1971年

喜多六平太　柴田勝衛　深田久弥　小林勝　内田
百閒　高橋和巳　平塚らいてう　高橋鉄　日夏耿
之介　保高徳蔵　尾崎翠　山下清　若山純一
徳川夢声　伊藤佐喜雄　志賀直哉　立野信之　三
角寛　金田一京助　塩田良平　谷崎精二　青柳瑞
穂　堀内民一

1972年

高田保馬　柏原兵三　平林たい子　渡辺順三　鏑
木清方　広瀬正　川端康成　水野成夫　中村雨
紅　川上澄生　田部重治　細田民樹　安藤一郎

1973年

池島信平　吉田一穂　浅見淵　椎名麟三　菊田一
夫　阿部知二　石橋湛山　大仏次郎　高津春繁
吉屋信子　白鳥省吾　五代古今亭志ん生　北原武
夫　我妻栄　今和次郎　サトウハチロー　浜田広
介　雅川滉／成瀬正勝　貴司山治　山内義雄　船
木枳郎

1974年

山本有三　人見東明　尾崎喜八　田中耕太郎　深
尾須磨子　中村星湖　南原繁　岩佐東一郎　谷口
善太郎　窪川鶴次郎　結城哀草果　戸川貞雄
細田源吉　中村白葉　有島生馬　花田清輝　丸山
薫　高木市之助

1975年

間宮茂輔　江口渙　江馬修　香山滋　夏目伸六
村野四郎　重森三玲　中川善之助　村上一郎　松
尾邦之助　舟木重信　小原元　服部嘉香　渡辺
一夫　梶山季之　矢代幸雄　金子光晴　きだみの
る　壺井繁治　日比野士朗　棟方志功　林房雄
角川源義　倉石武四郎　正木ひろし　辻まこと

1976年

檀一雄　舟橋聖一　有本芳水　安斎徹　中村直
勝　久松潜一　四賀光子　武者小路実篤　福島
正実　荻原井泉水　久板栄二郎　赤羽栄一　石原
謙　宮沢俊義　高野素十　武田泰淳　森有正　北
条誠　城昌幸／城左門　大井広介　平井呈一　伊
藤秀五郎

延長でもっとも潤うのは、著作物の商品化と著作権の管理にあたる者である。彼等の事業規模拡大を優先して、公有作品の樹から二〇年分の作者と作品を奪うのか。それとも、インターネットを得て、今まさに「文化の発展」の強力な梃子として機能し始めた著作物公有化の規定を生かして、天に積む宝を豊かに育てるのか。

保護期間延長問題を突きつけられた私たちが判断を迫られているのは、その点だ。

参考URL

★1　視覚障碍者読書支援協会　http://www2s.biglobe.ne.jp/~BBA/

★2　プロジェクト杉田玄白　http://www.genpaku.org/

★3　青空文庫について（1999.04.15）　http://www.genpaku.org/aozora.html

●文化審議会著作権分科会法制問題小委員会議事録

★4　http://www.mext.go.jp/b_menu/shingi/bunka/gijiroku/013/04093001/001/016.htm

★5　http://www.mext.go.jp/b_menu/shingi/bunka/gijiroku/013/04093001/002.htm

★6　http://www.mext.go.jp/b_menu/shingi/bunka/gijiroku/013/04110401/004.htm

★7　http://www.mext.go.jp/b_menu/shingi/bunka/gijiroku/013/04112901/001.htm

●文化審議会著作権分科会への法制問題小委員会からの報告

★8　http://www.mext.go.jp/b_menu/shingi/bunka/toushin/05012501/002.htm

●文化審議会著作権分科会法制問題小委員会議事録

★9　http://www.mext.go.jp/b_menu/shingi/bunka/gijiroku/013/05030101.htm

★10　http://www.mext.go.jp/b_menu/shingi/bunka/gijiroku/013/05030101/005.htm

★11　http://www.mext.go.jp/b_menu/shingi/bunka/gijiroku/013/04093001/002/005.pdf

MacOS の場合

1. 付属 DVD-ROM をコンピュータの DVD-ROM ディスクドライブにセットしてください。

2. デスクトップに「青空文庫」ディスクのアイコンが現れるのでダブルクリックしてください。

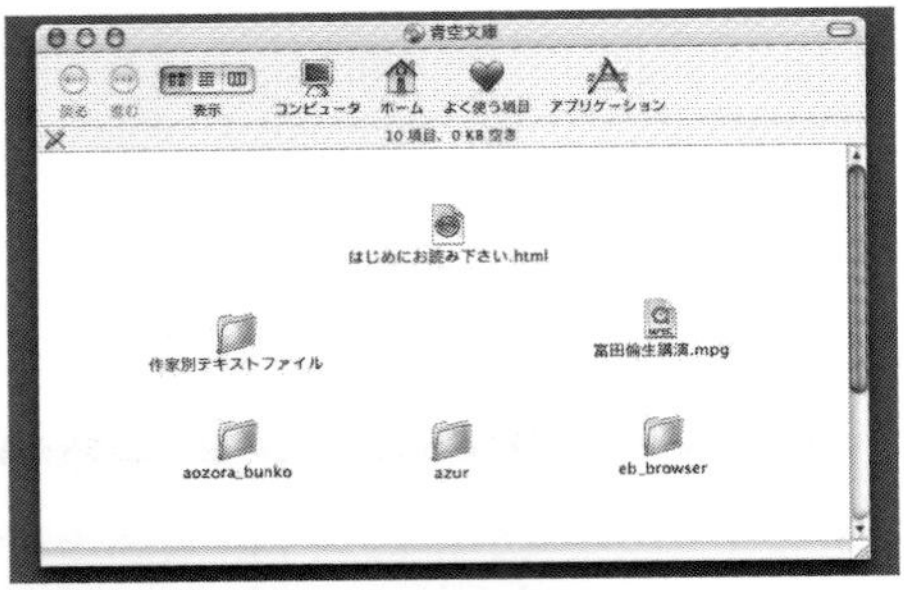

3. 開いたウィンドウの中から「はじめにお読みください .html」をダブルクリックしてください。この DVD-ROM の中に入っているコンテンツの説明が書いてあります。

※この DVD-ROM の動作等についてのご質問は、info@harushobo.jp までお問い合わせください。

「富田倫生講演 .mpg」の解説

「青空文庫　新しい本をどうつくり、どう読むか」

2004 年 4 月 25 日、東京国際ブックフェア 2004 デジタルパブリッシングフェアの、ボイジャー・新潮社・筑摩書房・NTTソルマーレ・講談社・東芝、共同ブースで行なわれた、講演の記録。

インターネットの電子図書館、青空文庫の実態が紹介され、1997 年夏の誕生から今に至る、成長の経緯が語られる。ある段階以降は、社会の共有物として創作物をむかえようとする著作権制度にこめられていた期待を、電子出版が、手応えのある実態に変えつつあることが、青空文庫の実践を通じて示される。

縦組み、ページめくり構造を採用し、当時としては高いレベルの読みやすさを備えていたボイジャーの電子本、エキスパンドブックを提供ファイルの中心に据えてスタートした青空文庫は、テキストやHTMLなど、標準形式のファイルの利用価値の高さを、利用者から繰り返し教えられた。標準ファイルなら、視覚障碍者は容易に音声に変換して、作品を味わえる。携帯電話や、PDAなどでも利用しやすい。もう一度、紙の上の文字に戻そうとする際にも、道が付けやすい。

こうした声を受けて、青空文庫はエキスパンドブックの提供を取りやめ、かわりに、標準形式ファイルをまとめる際の約束事を細かく定め、ルールに従って同じ切り口で成果物をつくりためていく道を選んだ。

エキスパンドブックを捨てたことで、青空文庫のファイルからいったん失われた「読みやすさ」は、azur を代表格とするビュワー類によって補われることになった。エキスパンドブックの提供中止を経て、再びボイジャーとの協力のもとに、azur が開発される経緯が語られる。

著作権法は、作品を生みだした人の独占権を、作者の死後 50 年まで認めている。この規定には、権利切れ以降は、作品がよりたやすく利用される状態におきたいとの期待が込められている。

つくることと届けることに大きなコストを要する紙の本の世界では、この期待にこたえられなかった。だが、複製と配布のコストを抑えられる電子出版が現れて、状況は一変した。

青空文庫の著作権切れ作品ファイルは、世界中の誰もが引き落とし、利用し、有償であるか、無償であるかを問わず、再配布できる。著作権法の期待は、現実に変わった。

岩波茂雄は、「読書子に寄す」と名付けた岩波文庫創刊の辞に、こう記した。

「真理は万人によって求められることを自ら欲し、芸術は万人によって愛されることを自ら望む。かつては民を愚昧ならしめるために学芸が最も狭き堂宇に閉鎖されたことがあった。今や知識と美とを特権階級の独占より奪い返すことはつねに進取的なる民衆の切実なる要求である。岩波文庫はこの要求に応じそれに励まされて生まれた。それは生命ある不朽の書を少数者の書斎と研究室とより解放して街頭にくまなく立たしめ民衆に伍せしめるであろう。」

もし岩波が、インターネットの時代に生きたとしたら、彼は、青空文庫のようなテキストアーカイブ作りを志したのではなかろうか。

付属 DVD-ROM の使い方

動作環境

Windows 98/Me/2000/XP : DVD-ROM ディスクドライブを搭載したマシン
Macintosh OS9/OSX : DVD-ROM ディスクドライブを搭載したマシン

注意

この付属 DVD-ROM は、（DVD ROM）のマークの付いた DVD-ROM ディスクドライブで再生してください。
CD-ROM/RW ディスクドライブでは再生することができません。

WIndows の場合

1. 付属 DVD-ROM をコンピュータの DVD-ROM ディスクドライブにセットしてください。

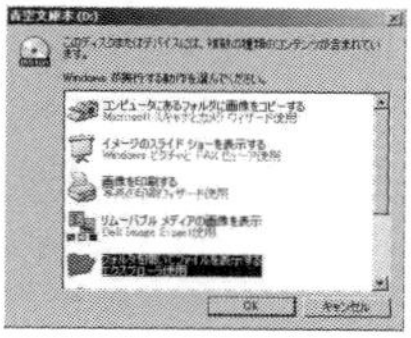

※もしこのような「自動再生」機能が起動したら、「キャンセル」ボタンをクリックしてください。「フォルダを開いてファイルを表示する」を選んで、3へ進んでください。

2. 「スタート」より「マイ コンピュータ」を選び、DVD-ROM ディスクドライブにある「青空文庫」ディスクをダブルクリックしてください。

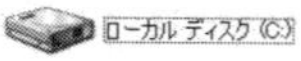

3. 開いたウィンドウの中から「はじめにお読みください（.html）」をダブルクリックしてください。この DVD-ROM の中に入っているコンテンツの説明が書いてあります。

7.3 ツリー型掲示板【こもれび】(hongming)、誤植メモ掲示板［紙魚の覚え書き］(hongming) がみずたまりで紹介される。

7.7 青空文庫7周年、登録作品数が4000に。朝日新聞夕刊で紹介される。

7.19 第2期【むしとりあみ】開始。

7.30 ［1クリック Aozora］公開（加賀是空）。

10.15 ［青空鯰 Namazu による青空文庫全文検索システム］公開（ゼファー生）。

10.17 青空文庫のテキストを使った塩化ビニル素材の本「風呂で読める文庫100選」、アサヒ・コムで紹介される（フロンティアニセン社制作・発売）。

10.20 【青空文庫における書誌データのとりかた】公開。

11.5 第2回「三石玲子賞」（奨励賞部門ネット公共知財賞）をボイジャーと受賞（EC研究会）。

11.14 ［十年一覺蒼穹夢］開始（ゼファー生）。

12.17 岡山県立図書館で「教養講座　青空文庫について」。

12.18 第2回青空文庫工作員関西地区忘年会（三宮・ぎん太郎）。

2005

1.1 【著作権保護期間の70年延長に反対】を公式に宣言。

1.1 ［読書 blog — すいへいせん］開始。

4.14 朝日新聞朝刊「私の視点」に富田の記事。著作権保護期間の70年延長について。

4.20 【aozora blog】で新字新かな辞書「シンちゃん」公開（PoorBook G3' 99）。

7.8 国会図書館「NDL デジタルアーカイブポータル」プロトタイプに青空文庫のデータが使われる。

7.7 東京国際ブックフェアにて、青空文庫ビュワー〈azur〉Ver1.5 公開。青空文庫の全ファイルを収めた『蔵書4670』CD-ROM 販売。

7.9 第4回青空文庫全体会議、第6回青空文庫オフ会（三軒茶屋・味とめ）。

7.16 朝日新聞、土曜の別刷り「be on Saturday」に「保護期間延長で、埋もれる作品激増？ 著作権は何を守るのか」の記事。青空文庫のことが大きく扱われる。

7.19 【むしとりあみ】一時閉鎖、ファイルの修正に取りかかる。

7.29 ［牧野信一電子文庫］正式開設（J.M）。

主な参考資料：青空文庫【そらもよう】、鈴木厚司ホームページ［青空コンテンツ］
年表作成：野口英司

「風呂で読める文庫100選」
は好評。他シリーズも出て、
2005年10月には月間5000部売る

3.12 青空文庫のテキストファイルを縦書き表示させるテキストビュワー「smoopy」がベクターで紹介される。
4.23 不適切と思われる表現への対処方針を変更。
4.23 柴田卓治、宮本百合子全集・全30巻をすべて入力し終える。
4.26 第2回青空文庫全体会議（新橋・日本航空協会航空会館）。第4回青空文庫オフ会（銀座・よし田）。
5.1 「区点番号5-17「ケ」と5-86「ヶ」の使い分け指針」。
5.6 【むしとりあみ】一時閉鎖、ファイルの修正に取りかかる（再開は2004.7.19より）。
5.23 「2ちゃんねる」一般書籍板に本格的な「青空文庫スレ」が立つ。現在も継続、4棚目。
7.7 【aozora blog】開始。
7.8 『週刊アスキー』（7.22号、アスキー）で、タレント・佐藤江梨子が青空文庫を読む。
8.1 【作業着手連絡システム】受付開始。
8.23 『季刊 本とコンピュータ』（トランスアート）の別冊『東アジアの出版』のための取材。富田宅にて。インタビュアーは枝川公一。八巻、LUNA CAT、野口も出席。
8.28 【aozora blog】で【青空文庫Q&A】開始。
9.19 登録作品数が3000を越える。
9.21 ［青空文庫年表］公開（鈴木厚司）。
10.21 「目覚ましプロジェクト」始動。長期「作業中」作品の進捗状況問い合わせを始める。
11.16 ［二代目てのり青空文庫（TenoriWiki）］（ゼファー生）。
12頃 ダイソー、青空文庫のテキストを使った100円文庫30点を発売。
12.9 読売新聞夕刊、「いぶにんぐスペシャル」の「デジタリアン」に青空文庫の記事。
12.13 第1回青空文庫工作員関西地区忘年会（梅田・なにわ亭）。

2004

1.1 折口信夫に取り組む、［まれびとプロジェクト］からの作品公開。
1.3 ［青空文庫新着情報RSS］（大野裕）。
1.26 「訓点注記の簡略化」公開。実施は1月1日の「死者の書（旧字旧仮名）」より。
4.1 【そらもよう】で大久保ゆうの「京都大学電子テクスト研究会」が紹介される。
4.22 東京国際ブックフェアにて、ボイジャーが青空文庫ビュワー〈azur〉（アジュール）公開。同時に、青空文庫の全ファイルが入った『蔵書3000』CD-ROM販売。
4.23 第3回青空文庫全体会議（茗荷谷・寿和園）。第5回青空文庫オフ会（茗荷谷・さくら水産）。
6.25 中里介山『大菩薩峠』、全作品登録完了。

「ダイソー文学シリーズ」は、注やコラム、年譜等をつけて、“禁無断複写・複製・転載”

ボイジャーがつくった『蔵書3000』は3日間のブックフェア会場で完売した

2.25 【入力ファイルを「テキスト版」に仕上げるために】を、点検部屋用の内部資料として作成。

3.27 ［外字注記コレクション］公開（PoorBook G3' 99）。

4.6 「永久機関の夢を見る青空文庫」（富田）、ウェブ公開。

4.29 第1回青空文庫全体会議（千駄ヶ谷・津田ホール会議室）。および第3回青空文庫オフ会。

5 入力ファイル、校了ファイルの形式点検にあたる点検部屋、活動開始。小林繁雄、門田裕志が中心となる。

5.7 青空文庫の登録作品をテキスト版とXHTML版のみへ。XHTML版はテキストファイルより自動生成。

5.16 【テキスト版の注記をどう書くか】公開。

5.23 岡本綺堂『半七捕物帳』すべての作品を登録完了。

5.26 NHKBS2「ITキング決定戦」に青空文庫が使われる。

6.14 この日の登録で、一時新規作品公開中止。再開は2002.9.20より。

6.14 ［非漢字一覧（JIS X 0213）］公開（鈴木厚司）。

8.6 ［原民喜プロジェクト］公開。

8.31 野口、専従を退任。

9.20 青空文庫データベースを使用した新館の仮公開開始。

9.29 青空文庫のテキストファイルを縦書き表示させるテキストビュワー「扉〜とびら〜」ver 1.0.0公開。

10.1 ミラーサイト（http://mirror.aozora.gr.jp/）にて、青空文庫データベースを使用した新館での作品登録再開。

10.9 ［青空文庫サウンドブックス］公開（Pal Mac）。

10.13 「新旧図書カードのURL変換スクリプト」公開。

10.25 第8回情報文化学会賞・大賞を受賞（情報文化学会）。

10.28 ［ルビなしテキストの作り方］公開（鈴木厚司）。

11.1 メインサイト（http://www.aozora.gr.jp）も青空文庫データベースを使用した新システムへ切り替え。

2003

1.12 公開作品一覧CSVファイルの提供開始。

1.15 ［音声化された青空文庫リンク集］公開（大久保ゆう）。

1.29 第4回デジタルアーカイブ・アウォードを受賞（京都デジタルアーカイブ研究センター）。

2.15 古典総合研究所作成の与謝野晶子訳『源氏物語』ファイルを移す、［光の君再興プロジェクト］からの作品公開（kompass）。

2.20 青空文庫のテキストを使った「AOLオンライン文庫」開設。

の CD-ROM。

2.15 『だれが「本」を殺すのか』(佐野眞一、プレジデント社)で青空文庫が紹介される。

2.21 [校閲君] の使い方【旧字ファイルの新字・俗字を、校閲君で洗い出そう!】公開。

2.28 2つのテキストファイルを比較する[相違点チェッカー]0.2.6 公開(結城浩)。

3.15 [青空文庫と外字] 公開(富田)。

3.30 【読書新聞:ちへいせん】で【小熊秀雄全集プロジェクト】公開。

4.21 第2回青空文庫オフ会(有楽町・ニュートーキョー)。

5 [一太郎で「青空文庫」] 公開(hongming)。

5.6 [赤い鳥 XP](後に[赤い鳥 2002]と改称)公開(もりみつじゅんじ)。

5.7 ライフメディアにて、携帯電話で青空文庫を読むサイト「携帯書房」との連携を打ち合わせる(富田、野口)。

5.12 「ほぼ日刊イトイ新聞」の枡野浩一「石川くん」第3回に青空文庫が紹介される。

6.18 『暮らしとパソコン』7月号(ソフトバンク・パブリッシング)、「特別企画2:古今の名作文学をパソコンで読む」。

6.18 【JIS X 0208 と 0213 規格票の包摂関連項目】公開。

6.30 [アクセント付き文字の変換表](山本有二)をそらもようで紹介。

8.29 青空文庫のテキストを快適に読むためのビュワーソフト・リンク集[テキストビューワー]公開(鈴木厚司)。

9.25 読売新聞夕刊「読書の秋　ネットで探す 好みの一冊　手軽に「古本屋」巡り」で青空文庫が紹介される。

10.2 富田、2ちゃんねるのひろゆきと会う。

10.3 広島にて第15回全国文化・学習情報提供機関ネットワーク協議会全国大会(富田が出席)。

10.15 これまで無料で借りていたアスキーのサーバーを有料で借りることに。同時に、ミラーサイトを群馬インターネットから OnTV Japan へ移行。

10.26 OnTV Japan のミラーサイト・アドレスを mirror.aozora.gr.jp へ。

10.29 【TEXT の読み方】公開。

11.1 【青空文庫工作員マニュアル】改訂。

11.1 野口、「専従をやめる方向に」のメールを呼びかけ人に送る。以降、青空文庫の体制についての論議が繰り返される。

11.23 著作権有効の作品の受付が滞りがちに。LUNA CAT より改革案。

12.9 小林繁雄、職を辞して青空文庫に専念する旨を野口あてにメールする。

2002

1.25 青空文庫 派生 JIS X 0208 → Unicode 変換プロジェクト[あさっての向かい風]公開(PoorBook G3' 99)。

2.13 バグ取り掲示板【むしとりあみ】開設。

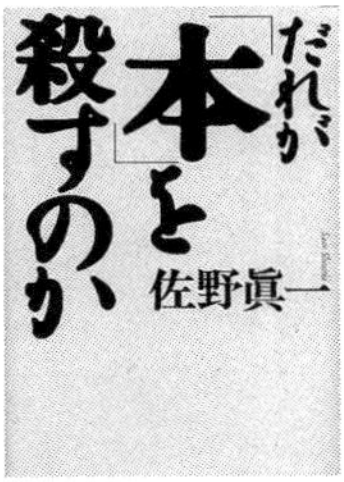

業界を揺さぶった『だれが「本」を殺すのか』。新潮文庫版(2004年)は上下2冊。
〈下〉に書き下ろし"検死編"

3.1　読売新聞に青空文庫の記事。
3. 末　日立製作所より支援（100 万円）。
4.20　東京ビックサイトで行なわれた「東京国際ブックフェア 2000」の日本出版販売ブースにて、ブッキングによる新しいオンデマンド出版のしくみ、「ユニバーサル BOOK 構想」に青空文庫のデータが使われる。
4.23　品川にて会合（富田、八巻、野口、らんむろ、LUNA CAT）。
4.26　【青空文庫メーリングリスト】開始。
4.29　NHK・土曜特集にて青空文庫が紹介される。
4.30　柴田卓治、宮本百合子全集入力開始。
5.17　〈文字チェッカー〉開発開始（結城浩）。
5.28　青空文庫データベース化着手。
5.31　メディア露出の機会が増え、青空文庫の存在が広く一般的に知れ渡るようになり、出版社も青空文庫を注目するようになる。
6.1　【随筆計画 2000】にボイジャーの電子出版フォーマット〈.book〉を採用。
6.10　登録作品数が 1000 に。
8.15　津野海太郎・二木麻里編『徹底活用「オンライン読書」の挑戦』（晶文社）刊行。「日本初の本格的インターネット公共図書館」として青空文庫を紹介。
8.18　［JISX0213 InfoCenter］公開（もりみつじゅんじ）。
8.21　【新 JIS 漢字時代の扉を開こう！】公開。
8.22　『週刊 PC サクセス』28 号（デアゴスティーニ）に「青空文庫　小説 500 選（上）」の CD-ROM。
10.16　【明日の本棚】公開。
10.19　ブッキング『ユニバーサル BOOK』プレスリリース。
10.20　【新 JIS 漢字総合索引】（【明日の硯箱】より入手可）公開。
10.29　第 1 回青空文庫オフ会（品川・パンネ・ビーノ）。
11　2001 年版『現代用語の基礎知識』『知恵蔵』『イミダス』に青空文庫の項目が掲載される。
11.24　『月刊 アスキー .PC』12 月号より浜野智「青空文庫の歩き方」連載開始（同時期に『MacPeople ビギナーズ』で諸岡卓真「青空文庫の道しるべ」も連載）。
11.30　トヨタ財団による支援終了（1998.10 〜）。
12　［Kandata 補完計画］最初の成果、JIS X 0213 対応フォント Kandata1.7.2 公開（内田明）。

2001

1.29　旧字体置換可能チェッカー［校閲君］1.0.1 公開（大野裕、結城浩、LUNA CAT）。
1.30　『週刊 PC サクセス』50 号（デアゴスティーニ）に「青空文庫　小説 500 選（下）」

ブッキングの「青空文庫オンデマンド」シリーズは、文字の大きさと表紙が選べる

『週刊 PC サクセス』は、青空文庫の「小説 500 選」を 28 号と 50 号で付録にした

探る」（富田・萩野ほか）。

9　『現代の図書館』9 月号、「〈イネーブル・ライブラリー〉としての青空文庫」（富田）掲載。

9.11　第 5 回「本の学校」大山緑陰シンポジウム、「本で育むいのちの未来」第 5 分科会「これからは私たちが本を作り、本を残す」。コーディネーター・司会：川上賢一、パネリスト：萩野正昭、宇陀則彦、河上進、安倍甲。

9.22　「せんだい電子文庫～メディアテーク・フォーラムワークショップ 04」にて富田講演。

9.24　青空文庫のファイルを『月刊 アスキー .PC』の付録 CD-ROM に収録する。以降、アスキーの各雑誌に青空文庫のファイルを収録していく（～ 2002.8 まで）。

10.10　田畑孝一「ディジタル図書館」（勉誠出版）で青空文庫が紹介される。

10.23　品川にて会合（富田、野口、らんむろ、LUNA CAT）。

10. 末　マイクロソフトより支援（30 万円）。

11.1　アスキーからの支援（月額 50 万円、2001.9 から 30 万円）開始（2002.8 まで）。

11.11　『青空文庫へようこそ』（青空文庫編、HONCO on demand）刊行。

11.13　FINE- 広島研究会・第 14 回にて「インターネット私設図書館が直面した課題」LUNA CAT 講演。

11.18　『月刊 MacPower』11 月号（アスキー）、「インターネットの電子図書館　青空文庫を使ってみよう」（富田）掲載。

11.18　『月刊 MACLIFE』11 月号（BNN）、特集「Mac は「本」をどう変えたか？」（インタビュー：萩野・野口ほか）。

11.22　【旧字、旧仮名で書かれた作品を、現代表記にあらためる際の作業指針】運用開始。

11.23　NHK 夜 7 時のニュースに青空文庫が紹介される。

12.4　朝日新聞東京版朝刊に青空文庫の記事。

12.24　『月刊 DOS/V SPECIAL』2000 年 2 月号（毎日コミュニケーションズ）に野口のインタビュー。

2000

1.18　【『圓朝全集』は誰のものか】公開。

1.18　朝日新聞文化面「新千年紀・ネットの中のわたし探し」に青空文庫の記事。

2.8　もりみつじゅんじによる【随筆計画 2000】。

2.16　『月刊 鳩よ！』4 月号（マガジンハウス）との連動企画、岡本綺堂「ゆず湯」登録。

2.21　朝日新聞朝刊「ひと」に富田の写真とともに青空文庫の記事。青空文庫のサイトがアクセス過多で繋がりにくくなる。

2.24　JIS 外字が数多く使われている作品、尾崎紅葉「金色夜叉」を登録。

2.25　広島にて会合（八巻、野口、らんむろ、LUNA CAT）。

青空文庫の収録された
CD-ROM 付き『月刊 アスキー .PC』
は完売した

オンデマンド印刷で刊行された
『青空文庫へようこそ』は、
青空文庫初めての本

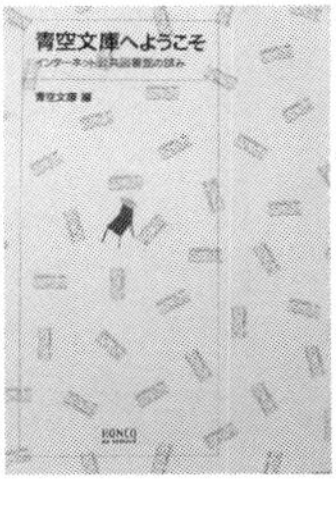

に富田が参加。

12.20 津野海太郎編『徹底活用「オンライン書店」の誘惑』（晶文社）刊行。豊福剛が青空文庫を紹介。

12.23 【青空工作員マニュアル】改訂、【青空文庫からのメッセージ—本という財産とどう向き合うか】【工作員作業マニュアル】の二本立てに。PDF 版も公開。

12.25 NHKBS「週刊ブックレビュー」で青空文庫が紹介される。

1999

2.3 【会計報告】公開。

2.18 MacWorldExpoTokyo にてボイジャーが「新しい読書」CD-ROM を配布。その中に青空文庫全作品を収める。

2.20 幕張にて会合（富田、野口、八巻、らんむろ、浜野、LUNA CAT）。

2.28 【文学作品に現れた JIS X 0208 にない文字】公開（3.30 更新）。

3.12 『月刊 SYBiZ SOHO コンピューティング』（サイビズ）4 月号および 5 月号（4.13 発売）に「富田倫生氏インタビュー」掲載。

4.1 ［青空文庫検索ページ］（もりみつじゅんじ）とリンク。

4.10 本のリスト・図書カードでの外国人名の表記ルール決める。

4.12 『季刊 本とコンピュータ』春号（トランスアート）、萩野正昭「異聞・マルチメディア誕生記」に青空文庫が紹介される。

4.15 山形浩生による論評「青空文庫について」。「青空文庫はしょぼい」の発言。

4.16 山形浩生主宰「プロジェクト杉田玄白」より「伽藍とバザール」「ノウアスフィアの開墾」を登録。

4.25 青空文庫のサイトをボイジャーのサーバーから、アスキーエデュケーションカンパニーのサーバーへ移行。同時に、www.aozora.gr.jp を運用開始。群馬インターネットにもミラーサイトを置く。

5.13 ファイル利用に関する【みずたまり】の論議で、白田秀彰「天に積む宝」のコメント。

5.27 【青空文庫収録ファイルの取り扱い基準】（案）公開。

6 「テクストアーカイブを考える」（書籍デジタル化委員会）掲示板での論争。

6.28 ［半七捕物帳　執筆順リンク］（大久保ゆう）を【そらもよう】で紹介。

7.10 『季刊 本とコンピュータ』夏号（トランスアート）との連動企画、宮武外骨『一円本流行の害毒と其裏面談』を登録。

7.16 『週刊金曜日』（株式会社金曜日）に富田による青空文庫の記事。

8.1 【青空文庫収録ファイルの取り扱い規準】運用開始。

8.1 【青空文庫読書新聞・ちへいせん】（編集人・浜野智）公開。

8.2 【青空文庫入門】（1999.9.21【青空文庫早わかり】に改名）公開。

8.14 ［青空文庫パーム本の部屋］（Pal Mac）をそらもようで紹介。

8 末 『月刊 インターネットマガジン』10 月号、特集「デジタル書籍　成功のカギを

欲しい本が手に入らないときにも、青空文庫が役に立つことがある

この号には、「グーテンベルク計画は負けないぞ！」（マイケル・ハート）も収載

野口、登録作品申込受付・浜野を決める（富田、野口、八巻、らんむろ、浜野）。
3.17　読売新聞朝刊「情報革命はいま　進化するデジタル社会」で電子出版の特集。青空文庫が紹介される。
4.1　『月刊 MacUser』4月号（ソフトバンク）、特集「紙メディアから電子媒体へ」。富田によるNetExpand Bookの記事、座談会「日本で電子媒体は成立するのか？」（出席者：荻窪圭・斉藤由多加・富田・松尾公也）掲載。
4.10　青空文庫リニューアル。【青空文庫のしくみ】公開。
4.25　津野海太郎『新・本とつきあう法』（中央公論社）刊行。あとがきで青空文庫を紹介。
5.1　1998 good site 賞を受賞（財団法人 AVCC）。
5.8　JIS 文字コード原案作成委員会より収録漢字選定のための資料提供の打診。
5.8　【編集権について】（【直面した課題】）公開。
5.18　新潮社の厚意により、CD-ROM『新潮文庫　明治の文豪』から夏目漱石のテキスト10作品を青空文庫に登録（1998.10.18 に取り下げ）。
5.18　【青空文庫登録作品に現れた外字】公開（5.23 更新）。
5.27　世話役グループ、トヨタ財団に外字情報収集に係る研究の助成申請。
6.16　長谷川集平、呼びかけ人降板。
6.22　米田利己、呼びかけ人降板。スタッフ掲示板【くものす】も閉鎖。
6.27　【『ヴィヨンの妻』著作権侵害未遂に関する報告】（【直面した課題】）公開。
7.2　朝日新聞朝刊に富田の写真とともに青空文庫の記事。
7.9　「半七捕物帳」シリーズ第一作登録。
7.10　青空文庫デザイン一新（フレーム使用）。バナー広告開始。
7.28　ドメイン aozora.gr.jp を取得。
夏　［校正部屋］公開（かとうかおり）。
8.1　野口、ボイジャーを退社。青空文庫の専従となる。
9.17　登録作品が 200 に。
9.24　トヨタ財団の助成、決定通知が来る（1998.10 から2年間 480 万円交付）。
10.15　『インターネット快適読書術』（富田、ひつじ書房）刊行。
10.23　トヨタ財団の助成金贈呈式。京王プラザホテルにて。
11.3　「Hotwired Japan」に川崎和哉による「富田倫生ロングインタビュー」掲載。
11.7　富田、野口、視覚障碍者読書支援協会の浦口明徳と会う。新宿西口ロイヤルホストにて。
11.8　富田宅にて会合。専従体制などについて話し合う（富田、野口、八巻、浜野）。
11.18　【訂正のお知らせ】公開。
12.5　産経新聞夕刊に「インターネット図書館―青空に本を開く試み」掲載。
12.6　「日本語の文字と組版を考える会」第 12 回セミナー「新しい読書をめぐって…」

9.3　長谷川集平、呼びかけ人に加わる。

9.5　青空文庫の URL を http://www.voyager.co.jp/aozora/ へ移行。

9.8　長谷川集平作成リンクボタン届く。

9.11　青空文庫ホームページを正式公開。

9.17　協力者から初めてメールが届く。「参加したいけれど、どうしたらいいでしょう」と問われて、青空文庫側もどうしたらいいのか分からない。

10.2　青空文庫からのお知らせコーナーを【そらもよう】と命名。

10.9　『季刊 本とコンピュータ』秋号（トランスアート）に「電子公共図書館「青空文庫」が飛んだ」の記事。

10.12　シャープのパソコン X68000 のディスクマガジン『電脳倶楽部』（満開製作所）より「セロ引きのゴーシュ」を青空文庫へ登録。以降、『電脳倶楽部』に収められている作品を青空文庫に登録していく。

10.13　Yahoo! Japan に青空文庫を登録。

10.24　視覚障碍者読書支援協会・堀之内修より青空文庫へリンクしたというメールが届く。

11.17　掲示板【みずたまり】公開。

11.22　サイバー・ブック・センターのエキスパンドブック即売会にて、「青空文庫の提案」エキスパンドブックを無料配布。京都イノダコーヒーにて。

11.24　視覚障碍者読書支援協会の勉強会に野口が参加。『原文入力ルール』の冊子をもらう。田町、東京都障害者福祉会館にて。

11.24　読売新聞朝刊「マルチ読書」の「私のお気に入り」で津野海太郎が青空文庫を紹介。

12.4　【青空文庫工作員マニュアル バージョン 0.9】、【著作権の消滅した作家一覧】公開。

12.7　日本経済新聞朝刊「ブックマーク」に青空文庫が紹介される。

12.17　【校訂者の権利に関する報告】公開。

1998

1.19　LUNA CAT、呼びかけ人に加わる。

1.28　AMD Award '97・特別賞を受賞（AMD 社団法人マルチメディア・タイトル制作者連盟）。

2.18　「MACWORLD Expo/Tokyo 1998」開催（～ 21）。ボイジャー、〈T-Time〉を発表。富田、八巻、野口、ボイジャーのブースで青空文庫を宣伝。

3.3　浜野智、呼びかけ人に加わる。

3.6　米田利己、呼びかけ人に加わる。

3.8　スタッフ掲示板【くものす】稼働。

3.14　第2回会合。ボイジャーにて。代表・富田、会計・らんむろ、著作権切れ作品担当・

『季刊 本とコンピュータ』で、ホームページのトップとともに紹介される

青空文庫年表

【　】は、青空文庫および工作員等が開設した青空文庫内コーナー
（aozora.gr.jp 内にあるか、トップページよりリンクされているもの）
［　］は、工作員等が開設した関連ウェブサイト
『　』は、書籍・雑誌名
「　」は、作品名、論文名、ウェブマガジン、シンポジウム等
〈　〉は、コンピュータ関係のソフトウエア名

1997

2.20　野口英司、福井大学・岡島昭浩に「日本文学等テキストファイル」で公開しているテキストを〈エキスパンドブック〉に利用させてほしいとメールを送る。

2.21　岡島より快諾のメールが届く。

3.1　富田倫生、アスキーより『本の未来』を刊行。前書きで「青空の本」の夢を語る。

3.17　〈エキスパンドブック〉への関心を通じて知り合った富田、野口、八巻美恵、らんむろ・さてぃ、電子図書館の実験サイト開設をテーマに横浜にて初の会合を持つ。

5.末　野口、岡島のテキストをもとに中島敦「山月記」二葉亭四迷「余が言文一致の由来」森鷗外「高瀬舟」与謝野晶子「みだれ髪」のエキスパンドブックを作成。

7.7　富田の書いた【青空文庫の提案】を確定。富田倫生、野口英司、八巻美恵、らんむろ・さてぃが呼びかけ人に。

7.26　第3回「本の学校」大山緑陰シンポジウム、「本と読書の未来」第2分科会「本のかたちはどう変わるか」。コーディネーター：松田哲夫、萩野正昭。パネリスト：富田倫生、加藤恒夫、江並直美、中尾勝、小林弘人。

8.2　青空文庫のページを仮作成。http://www.voyager.co.jp/~noguchi/library/ に置く。

8.18　『月刊 MacPower』9月号（アスキー）から、富田が「電脳天国 目玉温泉」の連載を開始（11.18発売の12月号で青空文庫を紹介）。

8.25　はじめて共同通信から取材を受ける。ボイジャーにて。

8.26　富田倫生「青空のリスタート」、小泉英政「みみず物語」、高橋悠治「音楽の反方法論序説」、津野海太郎「本はどのように消えてゆくのか」を追加登録。

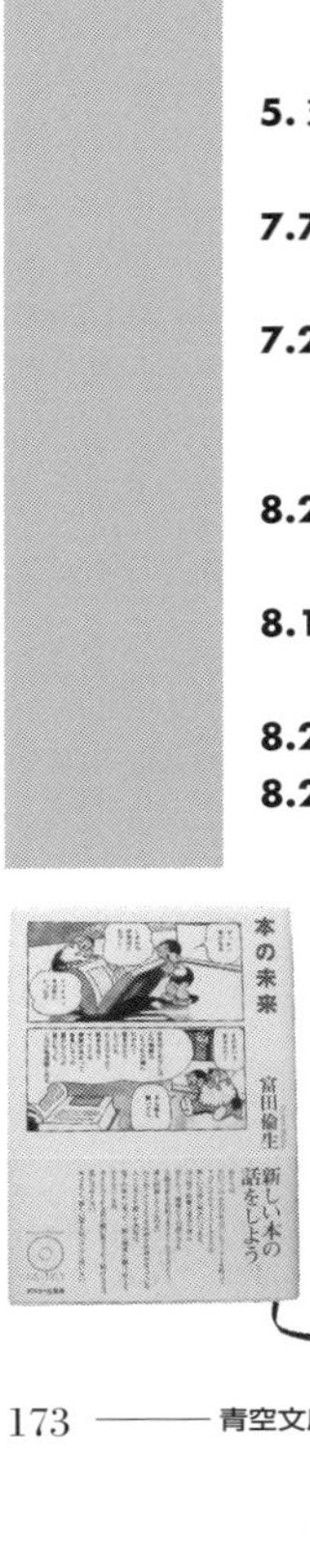

青空文庫開設のきっかけとなった
『本の未来』は、
“紙本”と“電子本”のセット

編著者略歴

野口英司（のぐちえいじ）

一九六二年埼玉県生まれ。

一九八五年東京電機大学卒。

㈱パイオニアＬＤＣ、㈱ボイジャーを経て、一九九八年八月から二〇〇二年八月まで青空文庫専従スタッフとなる。

現在はフリーでウェブ製作、コンピュータ教育関係の事業に携わる。

http://home.att.ne.jp/air/ag/

謝辞

本書と付属ＤＶＤ－ＲＯＭをつくる上で、執筆者の方がたや紹介した工作員の方がたはもちろんのこと、他にさまざまな方の協力を得ました。

鈴木厚司さん

四釜裕子さん

白田秀彰さん
門田裕志さん
ＬＵＮＡ ＣＡＴさん

萩野正昭さん（株式会社ボイジャー）
鎌田純子さん（株式会社ボイジャー）
菅原武彦さん（株式会社ボイジャー）

原島康晴さん（エディマン）

佐久間章仁さん（はる書房）

まるでアカデミー賞受賞者のスピーチのように名前だけで申し訳ないです。みなさん、ありがとうございました。（野口）

インターネット図書館 青空文庫

二〇〇五年一一月一五日 初版第一刷発行

編著者――野口英司

発行所――株式会社 はる書房

〒一〇一―〇〇五一 東京都千代田区神田神保町一―四四

電話 〇三―三二九三―八五四九 ファクス 〇三―三二九三―八五五八

振替 〇〇一一〇―六―三三三二七

http://www.harushobo.jp/

3章著者――富田倫生

編集・執筆――野口英司、八巻美恵、宮川典子

ブックデザイン――原島康晴（エディマン）

印刷・製本――中央精版印刷

ISBN 4-89984-072-1 C 0036